高效
PDCA
工 作 术

[日]富田和成◎著　　王延庆◎译

湖南文艺出版社
HUNAN LITERATURE AND ART PUBLISHING HOUSE

博集天卷
CS-BOOKY

图书在版编目（CIP）数据

高效 PDCA 工作术 /（日）富田和成著；王延庆译 . — 长沙：湖南文艺出版社，2018.4
（2025.5 重印）

ISBN 978-7-5404-7504-8

Ⅰ.①高… Ⅱ.①富…②王… Ⅲ.①工作方法 Ⅳ.① B026

中国版本图书馆 CIP 数据核字（2018）第 032316 号

著作权合同登记号：图字 18-2017-265

ONISOKU PDCA
©KAZUMASA TOMITA 2016

Originally published in Japan in 2016 by CROSSMEDIA PUBLISHING CO., LTD.

Chinese（Simplified Character only）translation rights arranged with CROSSMEDIA
PUBLISHING CO., LTD., through TOHAN CORPORATION, TOKYO.

上架建议：商业·成功励志

GAOXIAO PDCA GONGZUO SHU
高效 PDCA 工作术

作　　者：[日] 富田和成
译　　者：王延庆
出 版 人：陈新文
责任编辑：薛　健　　刘诗哲
监　　制：蔡明菲　　邢越超
策划编辑：李彩萍
特约编辑：温雅卿
版权支持：闫　雪　　孙宇航
营销编辑：李　群　　张锦涵　　姚长杰
封面设计：刘红刚
版式设计：李　洁
出版发行：湖南文艺出版社
　　　　　（长沙市雨花区东二环一段 508 号　邮编：410014）
网　　址：www.hnwy.net
印　　刷：三河市中晟雅豪印务有限公司
经　　销：新华书店
开　　本：875mm×1270mm　1/32
字　　数：160 千字
印　　张：8
版　　次：2018 年 4 月第 1 版
印　　次：2025 年 5 月第 7 次印刷
书　　号：ISBN 978-7-5404-7504-8
定　　价：45.00 元

若有质量问题，请致电质量监督电话：010-59096394
团购电话：010-59320018

前 言
Preface

此书原名《鬼速 PDCA》，"鬼速 PDCA（即：高效 PDCA）"
是我创造的一个词，自从供职野村证券公司以来我一直在使用。
如今，高效 PDCA 工作术已经成为我所创建的株式会社 ZUU
公司运行的一种模式，作为企业文化深深地渗透进每一位员工的
脑海。

PLAN（计划）、DO（实施）、CHECK（验证）、ACTION（调
整），由这四个环节组成的 PDCA 循环，是一个古典类型的框架
体系，为每一位业界人士所熟知。通常情况下，它作为企业生产工
序的改善，以及公司团队和项目管理的一种手段，被人们广泛利用。

令人遗憾的是，对多数人来说，PDCA 似乎显得非常熟悉却
又异常陌生，说是所有工作的基础却又很少有人主动实施。

甚至还有人对这一传统的管理模式提出质疑。

PDCA 模式第一次被提出，是在第二次世界大战结束之后（由

沃特·阿曼德·休哈特和爱德华兹·戴明提出并推广）。有史以来，人类社会总是对新的学说给予更多的关注。从市场经济角度来看，这似乎也无可厚非。然而经年累月，即使到了今天，PDCA 学说依旧绽放着灿烂的光芒。

　　当今世界，企业的经营环境发生了巨大的变化。正是在这一大变革时期，促进企业迅速成长、成为企业发展动力的"PDCA"，无论对于企业还是团队，均不失为一件强有力的武器。

　　无疑，PDCA 作为日常管理的工具被广泛应用，但那只是 PDCA 众多功能当中的一部分。就我个人来说，与其说 PDCA 是一种管理手段，不如说它是一件"催人奋进"的法宝。

高效 PDCA 工作术带来的恩赐

　　PDCA 作为一整套"催人奋进"的结构体系，推动公司经营以"高效"运转，促使公司、部门乃至个人迅速地得到巨大的利益。人们从收获当中增强信心，激发起更高的热情，反过来又促使 PDCA 循环更加迅速地运转。

　　这一良性循环，乃是高效 PDCA 工作术的精华所在。

　　有关高效 PDCA 工作术得以实现的核心之处，本书将逐一加以说明，其中重中之重就在于如何提高成果验证的频率。

所谓 PDCA 循环，绝非 P、D、C、A 机械地周而复始。现实当中，一旦制订出计划，接下来便是众多个细小任务相继履行的"实施循环"的不停运转。

举一实例，本公司将一般企业通行的每周一次的团队会议改为每周两次，大约三天召开一次会议，称之为"半周会议"。

在"半周会议"上，人们需要的绝非类似"同事们继续努力"之类空洞无味的呐喊，而是大家坐在一起逐项解决各自的课题。

会议当中，团队成员的行动计划围绕着会议日程，同样以半周时间为单位进行一次小结。包括目标成果在内，执行中的行动目标都需要按照数字指标逐条加以确认。通过半周会议，所有团队成员对各自数字目标未能达成的原因及课题实现共享，成员之间统一认识，为进入下一个循环做好准备。

通过这种方式，整个公司建立起一套机制，使工作当中因故受阻的成员不必等待一周时间。等待、彷徨，这种状态长期持续，不仅阻碍团队前进的步伐，更会让成员陷入困境。

企业在以高效前行的过程当中，会不断地遇到各种各样新的课题。特别是像我们这样的金融科技创新企业，面对的是来自前无古人的未知领域的挑战，因此就更是如此。一周时间，无法想象工作当中不出现任何问题。在我们看来——没有遇到新的课题，乃是未能采取任何行动的最佳佐证。

正因为如此，半周会议上坦言公开自己所面临的问题，不但不是见不得人的事情，反而受到大家的一致赞许。现如今，这种理念已经在公司蔚然成风。要知道，没有问题的个人或组织，原本就不可能存在于世间。

那么，个人运转 PDCA 又会是怎样一种情形呢？

个人的场合，如果养成习惯，做到每周一次对过去的行动做一番总结，必定能够取得相当可观的成果。但遗憾的是，能够养成如此良好习惯的人并不多见。多数人则是一年一次，在公司领导面前笼统地对过去一年的经历做一番回顾，空洞地谈一谈未来一年的抱负并以此了结。

在这一点上，我自从走上社会以来，一天也没有停止过对自己行为的反思。

无论工作多忙，晚上喝酒回来多晚，回到家后我都要抽出时间反思一天的行动，将结果记录在纸上。每到周末，我很少安排外出活动，总是把自己关在房间或者咖啡馆里，以半周、周、月、季度、半年乃至全年为周期制订出行动计划并且进行反思，这已经成为我生活中的一个组成部分。

关于个人运转的 PDCA 主题，可以是销售目标也可以是为报考商学院做准备，对此不同的时期会有不同的内容。只要是下决心想要达成的目标，都可以运转起 PDCA 循环。对我来说，这早已是习以为常的事情了。

早在野村证券公司任职时期，我就在证券推销以及私人银行家领域创下了无数个最年少记录。本公司运行的"ZUU 网站"，作为提供金融产品相关信息服务的网络媒体，开业仅两年时间就发展成为全日本访问量最高的网站（不包括"雅虎金融"等股票信息网站）。所有这些成果的取得，无一不使我坚定地实践了高效 PDCA 工作术的结果。

学会运用高效 PDCA 工作术，可以让你以惊人的速度迅速成长。面对那些高高在上的前辈，以及那些作为竞争对手的大企业，若以十倍于对方的高效奋力前行，终将会把他们远远抛在身后。

说起来似乎也是理所当然，离开了 PDCA 就像徘徊在茫茫沙漠之中，失去了前进的方向。有了 PDCA 就有了目标，确保始终以最短的距离最快的速度向着目标迈进。

行走速度猛然达到周围人的十倍，这的确显得有些困难。但是，如果能够因地制宜展开训练，瞄准最短距离选择路径，总会以十倍于他人的速度走在时代的前列。

我对此坚信不疑。高效 PDCA 工作术让我迅速成长，我为此感到无比自豪。

高效让企业一跃成为世界第一

本公司的理想是——创造可融化南极坚冰的炽热世界。在这个世界里，每个人的心中都充满希望。人们挑战自我，从而实现各自的奋斗目标。与此同时，在 2038 年之前打造一个股票市值超百兆日元的世界级知名企业。为此，目前公司正在运转的所有 PDCA 均围绕着这一终极目标全面展开。

要想立足于世界之巅，就要付出成倍的努力。平淡无奇，终将无法做出一番大的事业。伴随着高效 PDCA 工作术的不断渗透，我们期待着公司迎来更大的飞跃。

今后公司仍将不断发展。目前公司职员全部集中在东京池尻大桥附近一座办公大楼的一个楼层里。不久的将来，公司职员必将相互之间隔海相望。公司业务向海外的全面扩展，已经悄然开始。

届时，为了不使作为本公司 DNA 的"高效 PDCA 工作术"文化失传，自 2016 年初夏起，在紧张的工作之余，我开始对这一专门知识进行系统的整理。

最终结果，形成了这本集大成之作。

必须说明的是，书中讲述的 PDCA 模式完全是我个人的一己之见。我并非咨询顾问，也不是经营学者，原本只是一名大学生创业者，一个证券推销员，一个私人银行家，现在则是公司的经营者。换句话说，我所主张的 PDCA 模式绝非空头理论，它是从实践中总结出来的真实体验，我对此充满自信。

同样道理，本书并非学术论著，而是一本实用书籍。实现书中内容的前提是——阅读之后必将伴随实际行动。PDCA 不同于英语，也不是计算机程序，不可能一蹴而就。只有付诸行动，在实践中加深理解，不断提炼 PDCA 的精度和速度，才能最终使得 PDCA 变为己有。

为了让不熟悉 PDCA 的年轻读者阅读方便，本书将一些章节的内容分成了初级篇和应用篇，希望广大读者仔细阅读。阅读当中，开始时完全没有必要担心是否能够立即实践。

此外，为了能够使读者轻松体验 PDCA 的内容，我在书后准备了一张"十分钟 PDCA 体验表"，同时还准备了本公司实际使用的各种 PDCA 辅助工具，如果需要请自行上网下载。

衷心期待各位乃至团队取得成功！

顺便指出，为了便于说明，书中列举的事例大多选择了有关产品推销或者英语学习等内容。在现实当中，PDCA 包含的内容极其广泛，可以涉及网络经营、店铺经营、团队管理，以及事业、人生等众多领域的课题。

　　此外，本书对 PDCA 各个阶段的内容均做了详尽的说明。在阅读过程中，为了能够保持前后内容的连贯，根据需要，读者可以随时浏览目录以回顾各个阶段内容的发展。只有掌握了完整的流程，才能够确保 PDCA 循环的顺利实施。

　　希望每一位读者都能够结合自己的切身经历，在实践中不断加深理解。

富田和成

目 录

Contents

1.

第一章
位于前端领域的 PDCA 管理体系

2.

第二章
计划阶段初级篇：找出差距，制订"计划"

3.

第三章

计划阶段应用篇："因式分解"提高假说精度

4.

第四章

实施阶段初级篇：坚韧不拔的"行动力"

5.

第五章
实施阶段应用篇：为实现高效运行的"时间管理"

6.

第六章

验证阶段：周密计划与精准实施基础之上的"回顾"总结

7.

第七章

调整阶段：基于验证结果的"改进"与"拓展"

8.

第八章

高效 PDCA 工作术，团队共同实践的结果

1.

第一章

位于前端领域的
PDCA 管理体系

● PDCA 是企业强有力的管理模式

当今世界飞速发展，风云瞬息万变，令人应接不暇。

伴随着这一变化，以往的管理模式正趋于商业化，并逐渐为人们所认知。

在这种环境之下，PDCA 以其强有力的势头异军突起，在世人面前展示出其独特的魅力。

举一事实为例，我在证券公司做推销员时，"市场信息"乃是至关重要的命脉。现如今信息化社会已经到来，大量信息随手可得，信息的价值早已淡化。

有趣的是，在我刚刚进入公司时，会见客户之前我总是要事先往脑子里输入大量的数字。后来，在我决定离开公司自主创业之前，只要打开平板电脑，便可以得到所需要的所有信息。

与此相反，伴随着市场的急剧变化，客户在进行投资交易时，更加重视有关投资方针以及更深层次的投资建议，这就对证券公司提出了更高的要求。

换句话说，客户是要求证券公司在应对市场需求变化的同时，加快 PDCA 循环的运转。

以"英语能力"为例，曾几何时，能说几句英语可谓是人群中的佼佼者。现如今，人才市场已明令禁止歧视行为，自动翻译机的准确程度逐年提升，或许不久的将来，翻译这个行业将从地球上彻底消失。

至于"MBA"就更是如此。当你走进书店，冠名"MBA××教程"的书籍触手可及，互联网上也有不少教授 MBA 的影视资料。与世界各国相比，日本本土的 MBA 证书获得者并不算多。即使如此，随着年功序列制度的崩溃，以及日本国内 MBA 证书持有者人数的逐年增加，MBA 已经不再像从前那样受人追捧。

据说，近年来志愿去海外攻读 MBA 的年轻人数量正在逐年下降。本人以为，这一现状并非受金融危机的影响，而是因为作为 MBA 商学院的权威价值已经开始丧失。

那么，"PDCA"作为企业管理的一种模式会是怎样一种情形呢？

时代飞速发展，风云变幻莫测。如果能够以不变应对万变，或许也可以称得上有先见之明。即便不是如此，能够察觉到变化以顺应新的形势，依旧可以说是难能可贵。PDCA 正顺应了这一时代的需求。

PDCA 在所有行业的所有职业当中被广泛应用，适用于所有课题对象。如此跨行业之广泛的管理模式，可以说绝无仅有。

简单地说，PDCA 管理模式与其他单一管理模式完全不可同日而语。

PDCA 是促进单一管理模式目标早日成就的基石。提高了运用 PDCA 管理模式的能力，各类管理目标就可以随之迅速达成。为了提升个人水平，年轻的公司职员总是会选择实用性较强且易见成效的项目，例如英语学习或其他社交技能，并且为此下大力气以求尽快取得成果。且不知，如果在着手此类事项之前先就 PDCA 管理能力下一番功夫，从中长期角度来看，实在不失为一项事半功倍的明智之举。

图 1-1　世间万物成长的基石——高效 PDCA 工作术

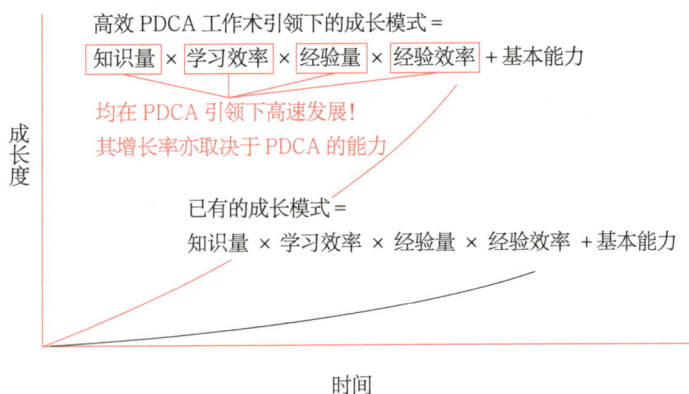

高效 PDCA 工作术引领下的成长模式 =
$$\boxed{知识量} \times \boxed{学习效率} \times \boxed{经验量} \times \boxed{经验效率} + 基本能力$$

均在 PDCA 引领下高速发展！
其增长率亦取决于 PDCA 的能力

已有的成长模式 =
知识量 × 学习效率 × 经验量 × 经验效率 + 基本能力

成长度

时间

因此，竭尽毕生精力需要提高的能力之首选，非 PDCA 管理能力莫属。PDCA 管理能力的提高，必定会水到渠成，使各项能力实现跳跃式发展。伴随着这一变化，时间管理能力、团队经营能力、问题解决能力等，一切能力终将一通百通。

说到这里，如果各位读者的思路已经开始发生转变，相信此书的目的也就达成了一半。

● PDCA 管理能力决定企业高层的价值观念

PDCA 不仅对于个人业绩的提升表现出一举多得的功效，同时对于企业经营管理能力的提高也不失为一项万全之策。

当今世界企业所处的环境，无论是运用新型商业模式还是运用尖端科技手段，均不可能使得一家企业一枝独秀。世界各国的文字即刻可以被翻译成他国文字，瞬间流传到地球的每一个角落，并且像洪水一样开始泛滥。二十一世纪以前的日本，企业繁荣"可以持续长达十年之久"，现如今能持续数年就已经相当不错。

以商业模式的优劣衡量企业价值观的时代早已结束。而现阶段，只有同时具备以高效不断创新的组织架构、着眼于服务社会的组织能力，以及顺应市场变化的高度灵活性这些条件的企业，才能够在大变革的时代始终立于不败之地。

所有这些，无一不是 PDCA 管理模式引领下的特殊产物。

资产总额稳居世界第二位的 Alphabet 公司（谷歌公司的母公司，截至 2016 年 7 月底总资产额达到 5,455 亿美元）的强项，并非其强有力的搜索引擎，而是它不断创新的顽强意志。正如全球范围内的畅销书 *How Google Works*（《重新定义公司：谷歌是如何运营的》）中所描述的那样，该公司放弃一部分工作时间任由公司职员自主支配，在公司设施内免费开放咖啡馆，努力创造高效的工作环境和灵活的会议形式，进而摸索出一套新型的组织架构并且在公司内大力推广。

毫无疑问，谷歌公司开发出的搜索引擎堪称世间一绝。然而毋庸讳言，那早已经是以往的荣耀。这一点只要看看现任谷歌公司 CEO 桑达尔·皮查伊先生的背景便可一目了然。桑达尔·皮查伊先生是做 AI（人工智能）出身，而并非搜索引擎工程师。

与此相反，正如早已从历史舞台上销声匿迹的众多日本巨头公司所表现的那样，在变革的巨大浪潮中裹足不前，必将逃脱不出被历史淘汰的厄运。

这种情况同样适用于团队的领导者。

频繁的人员流动，竞争对手无情的挑战，公司业绩的相继倒退……

面对经营环境的变化，如果团队的领导者始终处于四面楚歌的被动局面，必然会给公司的经营带来严重的后果。与此同时，掌握着员工生杀大权的团队领导者本身，也必然会在企业经营的汪洋大海之中受到风浪的洗礼。

可是，即便身处同一环境，一些团队的领导者却依然可以交出一份完美的答卷。为什么会出现如此巨大的反差？我想其中的道理不言而喻。

● 世人对 PDCA 了解的六大误区

我总觉得，照这样下去终将不会有好的结果。

像这样，在日常的工作和生活当中，总是会有一些人对现状感到焦虑和不安。可究竟是什么原因让他们如此不安？应当如何改进现状？对此他们却很少认真思考。

即使做了一番思考，他们也不会主动地想办法改进。至于将问题纳入 PDCA 循环体系，找出解决问题的方法，持续进行改善的个人或组织，就更是寥寥无几。

不用说，在新职员或者管理人员的研讨会上，指导老师也曾无数次地强调"PDCA 是企业员工的立身之本"。

此次为了系统地整理编写本书，作为参考，我也曾阅读了几本社会上流传的有关 PDCA 的书籍。可令人遗憾的是，没有一本能够让我感到满意。

为什么 PDCA 在企业员工当中竟如此难以渗透？

为什么社会上流传的 PDCA 书籍竟如此不令人满意？

究其原因，我认为社会上对于 PDCA 存在着六种致命的误解。

1. 认为 PDCA 过于简单

这里不妨向大家透露一些内部信息。为了此书的出版立项，我曾经参加出版社的编辑会议，会上一位出版社的同事面对编辑人员提出了以下质疑。

——PDCA？如此老掉牙的选题，这种书会有销路吗？

我曾不止一次地听到过这种指责，所以在听到这位同事的发言时也就不以为然了。

可以断定，轻率地认为 PDCA 简单的人，或许从未认真地履行过哪怕是一个循环的 PDCA，最多也不过走了些过场。

认真履行 PDCA 每一个循环的人，对于 PDCA 的深刻内涵，以及它的复杂程度一定都有过切身体会。正所谓，**PDCA 伴随着 PDCA 自身的成长永无止境**。进一步说，如果对 PDCA 有了更多的了解，PDCA 的循环次数也自然会随之增加。

的确，看似简单的 PDCA，如果只运转一个循环，或许并不需要更多的经验。或许那只是进入高效 PDCA 工作术的一个良好开端。为此，如果此书能够为你带来一些启迪，也不枉费作者的一片苦心。

但是，倘若只运转完一个循环，自认为 PDCA 很简单，说自己"已经了解了 PDCA 的全部内容"，那便是对 PDCA 的极大误解。这就好比在草坪上踢足球，踢进了一个球就说"足球运动很简单"。这两种想法如出一辙。

我第一次接触 PDCA，是在大学三年级时所参加的一次就职说明会上。记得当时在台上讲演的 Jobweb 公司社长佐藤孝治先生（现在的会长）曾经说过这样一段话："当今世界，企业寻求的是能够运转 PDCA 的人才。企业在面试时总会提出这样一个问题'你曾经遇到过哪些问题，是如何解决的'。这明显是对你的 PDCA 能力的一种确认。"

听了这段话以后，我曾经模糊的视野一下子变得豁然开朗，整个人感到茅塞顿开。

回到家以后，我立即打开笔记本，在上面赫然写下了四个英文大字"P、D、C、A"，并且查出了它们各自的含义。

现在回想起来，那时候的行为似乎有些幼稚，可在当时我却并不知道自己应该做些什么。

就这样，我第一次尝试运转 PDCA。幸运的是，我生来性格倔强，遇事总是爱刨根问底。这也最终成就了我，使我成为一名忠实的 PDCA 信徒。我开始日复一日地研究起 PDCA，其间转动 PDCA 的方法也发生了无数次的变化。

经过多年实战经验的总结，我汇总了这本集大成之作《高效 PDCA 工作术》。

2. 认为那是管理人员的工作范畴

PDCA 循环，原本是统计学者以改善产品质量为目的设计出的一种管理手段。在现实中，PDCA 对于企业的业务经营、项目管理同样发挥着巨大的作用。

但说是这么说，现在的多数年轻人则认为"自己又没有负责一个团队，PDCA 与现在的自己无关"。

PDCA 适用于所有课题对象。

搞好上下级关系；合理利用每一分钟时间；扩展自己的人脉关系；提升个人展示技巧；提高对外交涉能力；更好地服务于家庭生活；学会怎样交女友；培养兴趣爱好。PDCA 无时无处不显示出巨大的威力。

正因为如此，PDCA 成为年轻人必不可少的帮手。

心中有了目标，力争以最短的时间最快的速度实现目标，这其中，PDCA 成为我们前进中的强大动力。无论是公司业务还是个人生活，PDCA 无时不有无处不在。

掌握了 PDCA 便是找到了捷径。年轻时养成转动 PDCA 的良好习惯，无论多么远大的目标，最终都可以圆满实现。

其中的原因就在于，不断成长的 PDCA 自身也在日趋完善。

我在转动 PDCA 的初期，PDCA 的对象还仅仅限于作为证券推销员的"新客户开发"。虽然只是"新客户开发"，其手段方法却是多种多样。对这些方法进行分析，从中挑选出一两种最佳的解决方案，仍然离不开 PDCA 的帮助。要想因此取得成果，无疑还需要反复地实践。通过不断提高运行精度和运转速度，最终达到"技能的增长"×"增长速度的提高"这一几何增长的效果。

3. 把过程的失败归结于验证（C）不严谨

在做工作时，我们谁都知道应当首先制订计划，并且按照计划逐步实施。只是很少有人定期检查，结果出了问题却无人问津，或者继续犯同样的错误。

说起 PDCA，许多人会把其中的验证阶段看成整个 PDCA 循环的瓶颈。

无疑，只有计划和实施，没有检查，不可能构成完整的 PDCA 循环。可是细心分析便不难发现，在**多数情况下，人们在当初制订计划时就没那么严谨，事后的检查也同样马马虎虎。**

应当指出的是，PDCA 能否成功，一半以上取决于事先的计划是否完善。

如果草率地制订出计划，实施计划时就显得盲目，不知道如何验证，更不知道应当采取哪些对策。

照此下去，PDCA 便不可能周而复始地不停向前运转。

相反，如果在计划上下一番功夫，确定出准确的数字目标，制订出周密的实施计划，实施起来就会显得得心应手。

4. 认为那只是解决问题的一种定型模式

毫无疑问，PDCA 的确是为了解决问题所采取的一种手段。如此说来，难道不存在问题就不需要 PDCA 了吗？答案并非如此。

我们在开展工作时，如果进行得不顺利，其中必有原因。相反如果事情进展得非常顺利，其中同样存在着一定的道理。多数情况下，事情进展顺利时人们就会忘乎所以，聚集在小酒馆里喝上一顿酒便以为大功告成。

这些人不知道，重要的事情在于，以往进展顺利的事情能否保证今后重复再现。

转动 PDCA 循环的目的，是为了实现当初所制订的计划目标。遗憾的是，在验证阶段，多数人却总是将目光死死地盯住"失败的教训"。

毫无疑问，在验证阶段，高效 PDCA 工作术同样也要对"成功经验"进行一番探讨。因为我们相信天上不会掉馅饼，成功的取得绝不单单靠幸运。PDCA 验证的内容之一，就是建立起一种假说，确认在下一个 PDCA 循环当中，用同样的路径能否实现相同结果的完美再现。

如果把针对"失败教训"的对策看成当前的"改善方案"，那么再现"成功经验"的尝试便是面向未来的"拓展方案"。

关于 PDCA 中的 A，一般人都把它翻译成日文的"改善"，我却宁愿把它翻译成"调整"。我不希望大家只一味地强调"改善"，而忽视了对自己能力的"拓展"。

5. 觉得问题改善了便可以万事大吉

工作当中出现了问题，任何人都会想尽办法，竭尽全力加以解决。可是，如果认为这样一来便是"履行了 PDCA 的义务"，那就是大错特错。

PDCA 有着不同的"层面"，每一个人每一个组织都在运行着各自不同的 PDCA 循环。

越是高层次的 PDCA，运转起来就越显得"意义重大"。

举个例子，某计算机公司在开发软件的过程当中程序出现了致命的错误。在团队成员的努力下，最终查明了原因，使问题得到了解决。这时，该团队运转的是"查找原因，排除干扰"的 PDCA。由于问题得到了解决，PDCA 也自然结束。

可是，与此同时该项目经理还在运转着另一个"确保万无一失，保证项目按计划完成"的 PDCA。这便是更高层次的 PDCA。

必须指出，多数人只是在出现问题时才不得不运转 PDCA。比如上述例子。这同时意味着，在程序问题得到解决的那一瞬间，一切都已经大功告成。可现实情况是，付出艰辛的可能只是团队当中的少数成员，或许他们对这一结果并不满意。面对存在的潜在课题，上级领导应当给予充分重视，并且通过运转更高层次的 PDCA 加以解决。这时，如果主要设计工程师突然因此宣布离开团队，那么此前所做的所有努力都将化为泡影。

说到容易做到难，要想保持高层次 PDCA 的持续运转并非一件容易的事情。为此，与其依靠自觉，不如建立起一套具有约束力的制度。

心血来潮，想起来时才锻炼身体，这种事情任何人都可以做到。每天早上六点钟准时来到操场晨练，或许只有少数人才能够做得到。

需要注意的是，"改善与拓展"和"持续改善与持续拓展"是毫不相关的两件事情。

6. 遇到重大问题时才拿出来转一转

PDCA 原本作为特殊的管理模式，常以处于瓶颈期的生产工序以及问题频发的中长期项目为对象，更多地被用于生产现场的管理。为此，人们总是只在遇到重大问题时，才抛出 PDCA 这枚重磅炸弹用以应急。

毋庸置疑，PDCA 可以同时面对多个不同课题，适用于所有课题对象。

为此，无论是个人生活还是公司工作，理想的状态应当是同时分别运转几个不同的小规模 PDCA。

无论个人还是公司组织，刚开始接触 PDCA，最好先划分一下较大的目标课题，从中挑选出较为重要且效果明显的指标，同时运

转起数个不同的小规模 PDCA。这样操作起来更加容易，成果也来得更加迅速。

关于这一问题，以后会详细论述。此外这里所说的"高效"，不仅是指 PDCA 的高速运转，同时也意味着"参与者本人得以迅速成长"。

● 充分认识 PDCA 的规模效应

这里，先要就前面提到的 PDCA 的"层面"问题做一个简单的介绍。

因为对这个问题有一个正确的理解，可以得到意想不到的收获，这也是本书所说高效 PDCA 工作术的精髓之一。

说到 PDCA 循环，人们的脑子里立刻就会联想到一个大圆球，仿佛一个独立的 PDCA 循环，围绕着一个固定的项目在不停地旋转。

产生这种误解似乎也不足为奇，这也是 PDCA 难以理解的原因之一。

事实上，**所有 PDCA 不仅包含自身上一层面的 PDCA，同时也包含将其自身细化的下一个层面的 PDCA。**

可以这样理解，这就像是一张画满菩萨画像的"曼陀罗图"。

按照不同层面，我们分别把这张图里面的内容叫作 PDCA 的大循环、PDCA 的中循环和 PDCA 的小循环。当然，这其中的大中小都是相对而言，没有必要介意它们的具体大小。

图 1-2 　PDCA 循环的不同层面

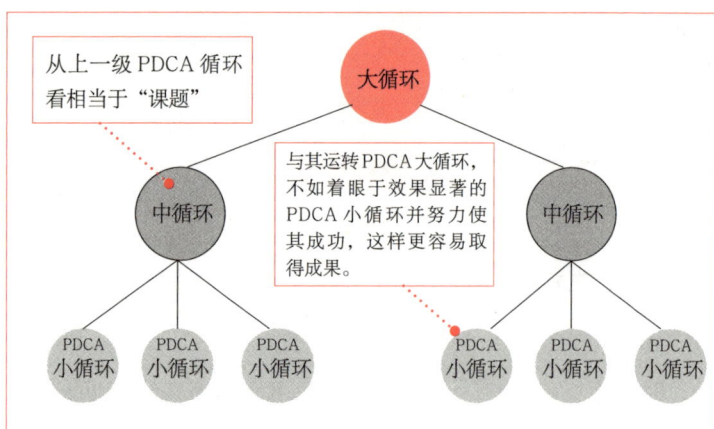

举例说明，有一位公司职员为自己设定了一个目标——五年之内年收入超过一千万日元。然而现状是，大企业的市场推销员年收入五百万日元。为了尽快填补这一差距，他为自己设想出了各种不同的选择。

其中选择之一，是在现在的公司一边工作一边迅速提高自己的推销能力，争取一流的经销业绩，并以此为筹码调到一个实行定额工资制的公司工作。而另一个选择，是努力学习英语，争取考上MBA，毕业以后到一家外资企业工作。

　　在考虑了各种选择之后，这位公司职员觉得还得制订出详细的计划，以便具体实施。

　　这里假设，这位公司职员选择了提高经销业绩。那么，在"年收入达到一千万日元以上"这一 PDCA 大循环之下，还必须转动起"提高推销能力"和"年销售额达十亿日元"这一中间层面的 PDCA 中循环。除此之外，所谓"提高推销能力"，又可以分为提升交际水平和提升咨询能力等不同的课题（即 PDCA 小循环）。而要提升的交际水平，还可以进一步细分为与企业高层之间的互动交流、讲话时的表达能力、对外交涉能力、倾听对方意见的能力等，各种不同的课题（即 PDCA 小小循环）。

　　由此可见，无论最初提出的目标有多么庞大，我们都可以将其划分为诸多细小的 PDCA。转动这些细小的 PDCA，可以加快整体规划向着最终目标迅速靠近。

　　那么，如何才能够使这些大中小各个层面上的 PDCA 高效准确地快速运转呢？为了回答这个问题，本书将对 PDCA 循环系统做出详细的解释。

● 从事券商时期实际经历过的高效 PDCA 工作术

　　接下来将具体介绍，我学习掌握运用 PDCA 手法的一些经历。

PDCA 实践成果的具体体现，莫过于经销人员的完美业绩。

老实说，我并不擅长交际。然而长期不懈的努力，始终不渝地转动着有关提高推销能力的 PDCA，最终使我取得了非凡的成果。这一成果大大地坚定了我必胜的信念。具体来说，我把合同签约之前的整个过程，分解为如何吸引客户、怎样与客户约会、采取何种与客户沟通的语言技巧等各种不同的课题，在此基础上分别转动起众多个 PDCA。有趣的是，最终这一成果分别以不同的数字形式清晰地展现在了我的面前。

经常有一些年轻的公司职员和听我讲演的学生问我："您是如何提高自己运用 PDCA 的能力的？"

对此，我的回答永远只有一个。

"贵在坚持！自从进入公司以来，我一天也没有停止过 PDCA 的运转。"

顺便说一说，进入公司的第一年，我为自己设定的 PDCA 大循环目标是"第一年销售业绩位居全公司有三年经验推销员业绩之榜首"。

为分解这一大目标，我制订出了自己的 PDCA 中循环目标，为"新开发客户 200 个"，同时还看到了自己为此所面临的众多个 PDCA 小循环目标。

当时，我被公司安排负责对客户上门推销。在众多个 PDCA 小循环目标当中，最为艰巨的课题是"电话受理"。为此，进公司第一年，我基本上围绕着"电话接听创纪录"展开 PDCA 循环运转。最终结果，我圆满地实现了预定的目标。

那个时期我所从事的 PDCA 活动情况大致如下。

首先是制订计划。

电话受理，不用说，那是和电话接收员之间的时间争夺战。有时慢了一分钟甚至是几秒钟，便被对方抢占了先机。其次是给客户的"第一印象"，这一点尤其重要。

那时，我设想对待客人要"面带笑容，说话和气"，并且为此设立了假说。制订出计划，接下来便是如何实施。我将实施结果按照每天的情况采集了不同的样品。

采集出样品，就要对样品进行验证。

遇上失败，我就认真思考失败的原因。这一点似乎显得有些困难，但我还是为自己设想出了一些假说——或许对方知道我是新职工，没有把我放在眼里？要知道，如果此刻停止了思维，整个PDCA 循环就有可能停止运转。

为了不让自己的思维停滞，我再三询问自己"为什么"，并且暗中盘算如何才能够挽回局面。

——怎样才能避免被对方不放在眼里呢？

想着想着，我的思维又重新恢复了运转。

我暗暗思索，除此之外，或许还可以想象出更多的改进方案。——这么说，上司演讲时的动作表情不是让人感觉很有说服力吗？——是的，我也可以模仿那个样子。这样一来，就有了下一个PDCA 循环计划——讲话时尝试着加入一些动作表情。有了计划，就要实施，随后便是验证（验证结果，尽管我加入了动作表情，却并没有取得预期的效果……）。

像这样，我提出设想，制订计划，取样分析，不断改进，力争使 PDCA 不停地运转。一个课题得到了解决，还有其他课题保持PDCA 循环继续运转。

同时运转的 PDCA 循环多了，计划和验证的时间开始明显不足。但无论工作多忙，晚上喝酒回家多晚，回到家以后我也要抽出时间回顾一天的工作内容。到了周末我还要总结，准备下一周的活动。

刚进公司时，我感觉自己不论在知识还是在经验方面，与负责指导的前辈之间都存在着巨大的差距。可是经过两三年的不懈努力，这种差距开始明显缩小。我觉得，**只要持之以恒，每天坚持运转 PDCA，数年之间的差距转眼间就会不复存在。**

下面的图表，列举了我在野村证券公司工作时曾经实施过的一部分 PDCA 实例。其中有一些是从教科书当中得到的启发，也有一些是受益于前辈的传授。列举出来，为的是与读者分享 PDCA 的巨大威力以及它让我发生的一些深刻变化。

图 1-3　PDCA 培育出的客户开发技巧

- 改变总机号码的尾号，打破总务部门的森严壁垒。
- 目标无人接听电话时间段。
- 走访富人阶层集中的会员制俱乐部。
- 把负责地区的地形图贴在家中墙上，记在心中，以利高效开展推销活动。
- 重点走访富人圈中的核心人物，并以此结识更多的富人家庭。
- 通读希望结交的公司社长撰写的所有书籍并发去读后感。
- 定期编写行业企业的活动报告，与企业负责人建立起良好的关系。
- 使用宣纸和毛笔以正楷字体书写会见请求书并提交给对方。
- 选择恰当的检索字符，在帝国数据库检索并制作资产管理公司（＝富裕阶层）名簿。
- 目标电话接听创纪录的同时，寻找不易被对方挂断的话题（使对方容易接受）。

　　"我拜读了您撰写的某某书籍（报道、演讲记录）……"

　　"有关您个人的事情，希望向您当面做一下转达……"

　　"参加演讲会的报名截止日期即将临近……"

　　"今天是某某纪念日（社长的生日、公司成立纪念日），特地向您表示祝贺……"

　　"我汇总了一份贵公司产品用户的调查报告……"

　　"我这里有一些对贵公司经营有帮助的情报资料（用户名单、竞争对手）……"

　　"有关扩大贵公司职工福利的事宜，最好还是请社长直接做出判断……"

　　"我阅读了社长大学同学某某先生在《老职工月报》上撰写的文章，为此特地与您取得联系……"

● 越深入就越让人感到其乐无穷

我之所以将高效 PDCA 工作术视为 ZUU 公司企业文化的核心支柱，并非一味地为了追求企业的增长速度。

无论看似多么条理分明的商业管理模式，最终执行起来也必须得靠人。人有七情六欲，遇上不顺心的事总是会心情沉重，有时也会暴跳如雷。

但凡此时，PDCA 总是会大显神威，驱使着我昂首挺胸，阔步向前。

让人感到焦虑、疑惑、踌躇不前的原因不外乎以下三点。

·不知道自己最终想要得到什么样的结果（目标不明确）

·不知道自己目前所做的努力是否值得（方向不明确）

·不知道自己现在的做法是否应当继续（手段不明确）

不弄清楚这些事情，就无法激起内心的热情。处在这种情况下的人，遇到问题也没有勇气主动解决。

既然是工作，就不得不认真履行职责。拿了人家的工资，就要替人家办事。但是内心焦虑，终究难以全身心地投入工作。

面对这些问题，如果转动起 PDCA，计划阶段便可以确定出目标和方向，实施阶段更是决定了需要采取的手段。

心中有了目标，又有 PDCA 循环做后盾，即使遇到激流险滩，也不至于迷失方向。或搭桥，或穿越，或扎筏，或迂回，总可以设法打开局面。因为我们知道，纵然困难重重，目标却就在的眼前。

战胜一切困难，前途不可估量。

经过几个回合的较量，不久你就会发现，与困难做斗争，其乐无穷。

倘若你，或者你所在的公司，在一段时间内不曾遭遇挫折，那么只有一种可能，就是你们一直在原地踏步。前进的道路上布满了荆棘，不可能永远一帆风顺。

只有承认现实，直面挑战，锐意进取，才有可能得到更多的收获。到了那时，你会感觉到由衷的欣慰。人生在世，最难的事情莫过于战胜自己。

如果你因为遇到一位"讨厌的上司"而感到烦恼，也许不久他会在定期的人事变动中从你的眼前消失；或许你也可以找一份新工作，使问题迅速得到解决。如果这是唯一的选择，那么真的也很无奈。突然做出这样的决定，会让人一时无法接受。如果新来的上司依旧不能让你满意，你会变得一筹莫展。你必须不断地反问自己："这是否就是万全之策？"

● 先有鸡还是先有蛋？ PDCA 与自信

思维浅薄、工作靠惯性、做事凭经验的人，猛然听到PDCA，也许会有过敏反应。事实上，任何人都曾经有过转动PDCA 的经历。

例如，年轻的时候爱上了一个人，便暗地里盘算着找机会与她接近。有时也会买些礼物送给她，以获取她的芳心。所有这些尝试，便是围绕"与意中人结合"这一最终目标，转动起了PDCA 这部大机器。

为了达到自己的目的，任何人都会认真地思考下一步应当采取的行动。

或许有些人考虑得不甚周全，但无论怎样，人们总是会将外界的反馈如实地反映到自己的下一步行动当中，这便是极好的PDCA。

选择性价比高的小酒馆；设法扩大志愿者队伍；为了钓到大鱼而观察潮水和海风的方向等。这些都是在转动 PDCA。

我经常在学校或者公司的学习会上，面对青年学生或者职员讲解高效 PDCA 工作术。让我感到意外的是，多数年轻人并没有意识到自己已经转动起了 PDCA 这一事实。

原本 PDCA 思维的门槛并非高不可攀。

但是，人们一旦下意识地做起来就显得有些犹豫。其中最大的原因，就是担心不能够持久。

先有鸡，还是先有蛋？有关"PDCA"与"自信"的关系，如果不付诸实践，恐怕一生也无法解释清楚。**运转起 PDCA 就有了自信，有了自信就不怕 PDCA 不能够持之以恒。**

在一个人的成长过程中，如果他尽早掌握了 PDCA 这一本领，那么，随着他 PDCA 能力的增强，就会形成所谓的杠杆效应。别人难以驾驭的课题，在他看来轻而易举，这将引导他不断地上升到新的高度。反过来，这一结果又可以让他在工作和学习中充满自信。

有时尽管尚未取得成果，但是由于目标明确，为此制订出了计划并且已经付诸实施，同样可以让人感觉到"前进的步伐"。

仅此一项，也可以让人的内心充满自信。

无论什么人，只要他在奥林匹克运动会上获得了金牌，必定会对自己充满信心。信心原本是一点一滴积累起来的。肌肉变得发达了；头一次在比赛中击败对手；第一次参加全运会比赛，居然还拿到了奖牌；得了第一名，还登了报纸。正是由于这一点一滴的积累，才使得一个人更有自信，并能持之以恒。

回顾自己二十几岁时的情形，让人感慨万分。

那时 PDCA 每转动一个周期，我就要对实施方案重新进行一番梳理，这同时预示着自己朝着最初制订的目标又迈出了坚实的一步。

　　有时即使做了周密的计划，也未必能够得到满意的结果。但制订 PDCA 循环计划的前提，就是在效果不佳时可以随时进行调整。可以说，PDCA 循环的失败，本身就是提高假说精度最宝贵的成果。得过且过带来的失败经验，不足以让人得到有益的启迪。

　　只要 PDCA 循环保持不停地转动，不论结果如何，都将表明你在朝着自己的目标稳步迈进。

　　我之所以将 PDCA 描述为"稳步向前的管理模式"，其中的原因就在于此。

　　人的情绪很容易受外界影响而产生动摇。这种动摇会直接反映到工作当中。当人的情绪降至最低点时，无论如何鼓励，也不管上司怎样训斥，都显得无济于事。

　　但凡人情绪低落，或是遇到了难以克服的障碍，或是坠入了五里雾中看不到前进的方向，其结果必然导致自我价值感的丧失和自信心受挫。处在这种状态之下，要想重新振作精神，无疑需要一定的时间和极大的勇气。

　　坚持运转 PDCA 会让你始终保持高涨的情绪，让你充满信心。"早安！"早上起来一句问候，会让你精神抖擞，信心百倍。因为你目标明确，方向清晰，措施正确，任何情况下都毫不动摇。由于有了以往的成功经验，遇到困难你也不会轻易退缩。

　　无疑，对那些不思进取的人来说，猛然要求他们以高效转动起 PDCA，或许会让他们因变化之快而陷入困惑。我们公司里也有这样一些年轻人，他们难以适应高效的步伐，让人十分无奈。只是长此以往，他们将无法感受到人生的欢乐，难免遭到周围同事及竞争对手的摒弃。

● 何为高效 PDCA 工作术？

下面，我将详细介绍高效 PDCA 工作术的具体内容。在此之前，让我们重新回顾一下 PDCA 循环是如何运转的。

首先，让我们来看一张研修资料当中经常出现的 PDCA 循环图。

制订计划，具体实施，成果验证，重新调整。一个循环结束后的成果产出，成为下一个循环的改善方案，或者叫作拓展方案。

这一方案反映在下一个循环当中，同时开启了新一轮的计划、实施、验证和调整。

图 1-4　通常所说的 PDCA 的一般循环

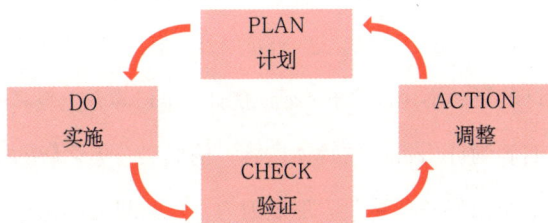

```
        PLAN
        计划
  DO            ACTION
  实施            调整
        CHECK
        验证
```

至此，各位已经对 PDCA 循环的基本概念有了一个大致的了解。

之所以说是大致了解，是因为多数人在看到这一轮循环之后，或许都会对其构思表示赞同，觉得它"的确非常重要"，然而也仅此而已……

上面的图表对 PDCA 循环的构思进行了一番整理，让人看了一目了然。它对理解 PDCA 循环会有一定的帮助。只是它显得过于简单，对于读者很想知道的"运转 PDCA 的结果会是怎样？""各个阶段的基本任务又有哪些？"等，并没有做出明确的回答。

除此之外，这张图表也显得过于枯燥，很难让人感受到这一管理模式当中蕴含的巨大能量。

于我而言，说起 PDCA，眼前总会浮现出高山白云的美景。

为此，本书从第二章开始，将按部就班地对 PDCA 各个阶段的具体内容做出详细的解释。这里，先就 PDCA 的整体形象做一个全面展示。

1. 计划（PLAN）

在计划阶段，首先需要确定所要达到的目标。目标不确定，任何事情都无从谈起。而且，这一目标必须制订得尽可能具体。

制订的目标不允许含混不清，例如"早日攀登上较高的山峰"等。要明确制订出目标的具体内容，例如"一年之后的今天，站在面前那座山峰的顶端"。那是因为，目标制订得越具体，目标与当前所处位置之间的距离就越明确。距离明确了，未来一年中应当付出的努力，即必须解决的课题，或者应当采取的路径就会越清晰。

所谓课题，既包括路径的选择，也包括锻炼身体的耐力、筹划登山经费以及准备必要的装备。此外，如果目前考虑到的路径不能够顺利到达顶点，选择新的路径也将成为必须面临的课题之一。

"课题"确定之后，就要考虑为解决课题制订出大致的方向。到此为止，计划阶段可以暂时告一段落。

无疑，如果目标制订得非常遥远，就很难让人发现为此需要解决的课题。这时，一旦发现了合适的课题，就要迅速地将其抓在手中，并开始解决。对于暂时模棱两可的部分，也要提出一个假说，并且在以后的活动当中力求逐步提高计划的精度。

例如，没有准备好必要的装备，不可能成为无法开展体能训练的理由。这样说听起来似乎也是理所当然，可是现实当中主张不制订出完美的计划就无法进入实施阶段的却大有人在。

前面曾经说过，PDCA 循环的一半是在制订计划，这样说似乎也不为过。

原本设定的目标是山顶，却向着海边走去，这样的话，目标永远不可能实现。冬季登山，却穿了一双海滨的沙滩凉鞋，这同样显得有些脱离实际。当然，类似这种错误在以后的检验阶段还可以得到纠正，但是如果事先认真制订出计划，这些徒劳的事情就可以避免。

此外，俯瞰地球，你将看到自己所设定的目标（例如，攀登某一高峰）或许和另一个更大的目标（例如，攀登世界最高峰）紧密相连。这样说的目的，是为了使你开阔眼界，了解自己所设目标"在整体目标中所处的位置"。

2. 实施（DO）

以上计划阶段，我们已经制订出相应的课题解决方案。紧接着实施阶段，我们要将这一解决方案划分为众多个行动措施，并将这些行动措施落实到具体任务，以利于组织实施。

这个阶段的重点，是尽可能迅速地将行动措施落实为具体任务。

通常情况下，制订了行动措施，知道"必须进行体能训练"，也知道"需要请有经验的教练指导"，但是由于整日忙碌，或者只是因为不感兴趣，便很难将行动措施立即落实为具体任务。如果把目标的达成日期确定在了一年之后，事情就更是如此。

那是因为，如果没有提出明确的要求，人们总是会将"舒适"和"紧迫性"这两个条件作为决定采取行动的唯一标准。

但是，如果将抽象的行动措施编入具体日程，例如"每天早上六点钟准时起床跑步五公里""晚饭后利用两小时时间上网咨询"等，这就等于把人推上了风口浪尖，迫使自己不得不采取行动。如果再将行动具体化，就更会产生积极向上的巨大效果。

通常情况下，如果计划阶段落伍的人占到了一半，那么实施阶段落伍的人也将达到百分之三十左右。

实施阶段落伍的三成人当中，近百分之七十的人只是制订了抽象的措施，却并没有将措施落实为具体任务。

制订了措施却没有采取行动，以致拖延了 PDCA 循环的周期，这不能不让人感到遗憾。如果能够以此为鉴，尽快将行动措施落实到具体任务当中，反而可以成倍加快 PDCA 循环的运转。

在本公司的 PDCA 协调会议上，如果有人提出了建设性的调整方案，我们当场就会将其分解为具体任务，并指派负责人立即执行。

3. 验证（CHECK）

实际上，计划阶段制订的路径、课题和解决方案，以及实施阶段制订的行动措施与具体任务，都不过是在计划的基础之上设立的假说。因为是在"现有信息基础之上"得到的最佳方案，所以仍然需要在执行过程当中定期反复地对它们进行验证，以确认这一假说的真实性。

然而即使不进行验证，实施环节仍然始终处于运转状态。有人把 PDCA 循环单纯地理解为，开始于 P 并且按照一定的顺序不间断地连续运转。现实当中，PDCA 循环一旦在最初阶段制订了计划，其后的主体便转移到了实施环节。在这一环节当中，人们将随时对实施情况进行验证和调整，根据情况还要对计划做出适当修正。为此，这就给人一种错觉，似乎不进行验证（只要 PDCA 循环不停地运转），仍然可以根据当初制订的计划实现总体目标。

殊不知，这其实是 PDCA 循环中的一个陷阱。

早上起床后仍在坚持长跑训练，可身体却早已具备了足够的耐力。既然如此，坚持长跑训练似乎就显得不那么重要了。明智的做法是，腾出更多的时间用于攀岩技巧的训练。

另一方面，与其在网上收集信息，不如直接去登山者协会聘请高手，那样似乎更加稳妥。

像这样，由于对实施方案进行了实时的验证，极大地减少了实施阶段的"无效作业"。

在实施阶段，如果对于自己设立的假说不抱信心，就无法激发更高的热情，当初设定的目标也极有可能半途而废。为此，实施阶段充满自信就显得尤其重要。

相反，在对成果进行验证时，用客观的眼光提出一些问题，例如"是否还有更高效的方法？""难道没有其他办法了吗？""是否仍存在着潜在的课题？"，以示对自己当初建立起来的假说抱有一丝疑虑，同样显得特别重要。

实施起来充满信心！验证起来疑神疑鬼！

这便是 PDCA 的基本理念。

4. 调整（ADJUST）

通常第四个阶段被称为"改善"或者"行动"（ACTION）阶

段，本书则把这一阶段称为"调整"（ADJUST）阶段。这是以开发精益生产方式而著名的帕斯卡·丹尼斯先生所使用的名称，被认为更符合 PDCA 的实际，因此为本书所采用。

第一次接触 PDCA 的概念，多数人会觉得"DO"和"ACTION"都有"做"或者"干"的意思，两者之间并没有多大区别，因此极易造成混淆。不仅如此，通常使用的"改善"一词当中并未包括"提高"的含义，因此很有可能将提升方案忽略。这也是本书将这一阶段称为"调整"（ADJUST）阶段的原因之一。

根据验证结果，提出调整方案，并转入到下一个 PDCA 循环。

调整方案，归纳起来有以下四大种类。

·对总体目标的调整

·对实施计划的大幅度调整

·对解决方案以及具体措施的调整

·不需要调整

所谓对总体目标的调整，是指在收集信息以及对现状验证的基础之上，其结果导致改变目标所指的方向，或者推迟目标达成的日期。有时，这种情况也可以认为是当前的 PDCA 陷入中断，新的 PDCA 重新开启。

或者也可以认为，登山训练一切正常，但是由于某种原因，登山训练者背负了巨大的债务，从而使得偿还贷款问题浮出水面。这时，从攀登顶峰这一总体目标看，尽管偿还贷款只是诸多课题之一，但是鉴于总体目标责任之重大，暂时与原有目标分离，重新建立起独立的目标或许更为现实。像这样，在原有 PDCA 运转的同时，经常也会有新的 PDCA 循环开始运转。

所谓实施计划的大幅度变更，主要是由于以往不曾显现的课题浮出了水面，以至于不得不大幅度调整现有计划。即使没有面临上述"偿还贷款"那么严重的课题，但是由于"不得不在当地寻找登山向导"等新课题的出现，也必须重新收集信息并研究解决方案，从而导致 PDCA 循环速度大幅度下降。

所谓对解决方案以及具体措施的调整，是指处于实施阶段上的细微修正。在整体计划不变的情况下，调整课题的优先顺序，选择更为适当的手段方法，从而对整个进程进行细微的调整。经过数个循环之后 PDCA 的精度已经得到大幅度的提高，为此只要进行细微的调整便可以满足整体要求，使得 PDCA 循环达到高速连续的运转。

有时验证结果一切进展顺利，也就不再需要做任何调整。说起 PDCA，似乎让人觉得必须不停地进行各种调整，但是如果经常对整个进程给予足够的关注，有时也就不再需要做任何调整。

综上所述，在整个调整阶段，根据不同的验证结果调整方式也不尽相同，这便是调整阶段具有的特征之一。

下列图表显示出 PDCA 的整个循环过程，它和一般 PDCA 循环过程的区别一目了然。

图 1-5　高效 PDCA 工作术循环

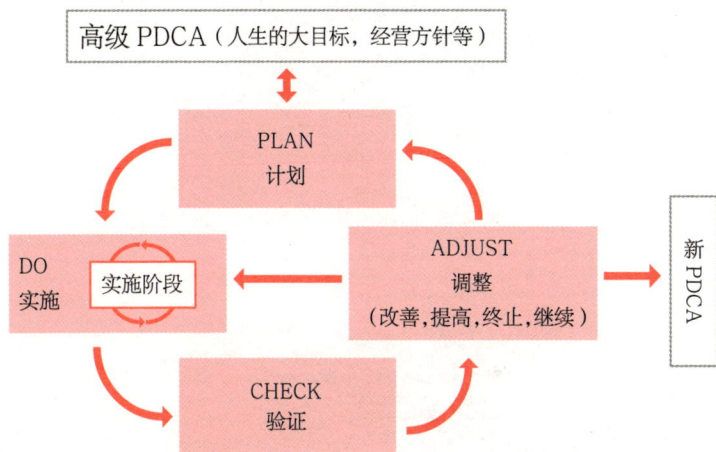

高级 PDCA（人生的大目标，经营方针等）

PLAN
计划

DO
实施

实施阶段

ADJUST
调整
（改善,提高,终止,继续）

CHECK
验证

新 PDCA

2.

第二章

计划阶段初级篇:
找出差距,制订
"计划"

● 制订计划既要小心谨慎又需大胆尝试

从本章开始，将就 PDCA 循环各个阶段的内容进行逐一详细介绍。

第一步制订计划。根据我的经验，实践 PDCA 的不成功人士中的百分之五十失败在制订计划的阶段。

失败的原因大致可以分为两种，一种是过于小心谨慎，另一种是过于粗枝大叶。其中由于个人的性格以及企业文化的不同，也会存在很大的差异。

那些做事小心谨慎，从不越雷池一步的慎重派，一听到制订计划就会感到全身紧张。在他们看来，一旦制订出计划就不允许出现任何差错。

如果一个公司的经营老板是一位慎重派，那么在研究开发新项目时，公司部下就会为市场调查疲于奔命。这期间，市场或许早已发生了急剧的变化，但是在公司每月定期召开的经营会议上，结论却仍然是老一套——再等一等，看看形势。

一个组织当中如果有了这样的领导，PDCA 循环就很难运转顺畅。

另一方面，如果遇上办事粗枝大叶不认真思考的领导做 PDCA 循环，把草率制订出的计划付诸实施，就会让公司部下在接下来的实施阶段不知所措，在验证阶段无法进行定量比较，以致（特别是在事情进展不顺利时）找不到问题的原因所在。

以上情形表现为两个极端，它们的共同点都是对 PDCA 没有做到充分的理解。

过分的小心谨慎和无端的顾虑重重，会降低 PDCA 的运转速度。

过分的粗心大意和一味的一团和气，会导致 PDCA 循环的精度大打折扣。

为此，要求从事 PDCA 循环的个人或组织既要小心谨慎又必须大胆尝试。

无疑，这只是一种感觉，并没有严格的定义。重要的是要经常扪心自问，与自己展开对话。既要看自己是否谨小慎微，又要看自己是否无所顾忌。如果发觉出现任何一种偏激，就要有意识地进行调整，以便使自己始终保持平衡。

顺便说一说，我每天都要对部下提交的课题报告提出意见，但我却很少感觉到不安甚至夜不成寐。有时为了做出重大决断，我会比以往更加小心谨慎。但是说到 PDCA 循环，我所做的百分之九十九的判断不外乎"不要怕出错，现在的重点在于提高假说的精度"。

我感觉，所有事情都应当通过 PDCA 循环运作，因为这样可以减轻许多精神上的负担，这是我从中得到的最大收获。

● 步骤一　定量化目标管理（设定 KGI）

没有目的的旅行是流浪，没有目标的工作是盲从。所有 PDCA 无不开始于对预期目标的设定。

PDCA 适用于一切目标对象。目标可以是多种多样，其中需要注意的问题有三点。

它们分别是：目标的截止日期，目标的量化管理，以及尽可能将目标具体化。

1. 设定目标的截止日期

日期发生变化，实现目标的战略也应当随之改变。

例如，目标是去北海道旅行。如果计划用半天时间，选择方式只有乘坐飞机。如果计划用一周时间，还可以选择骑自行车旅行。如果是一周，要决定的事情千头万绪，更需要从长计议。

制订目标不设定具体日期，就无法让人产生紧迫感。

——有时间就学点英语，或许什么时候还可以考过英语一级。

——努力把眼前的工作做好，或许也能当上部长。

——希望有一天能够将公司打造成为世界一流企业。

如果不设定具体日期，很容易使人产生走一步看一步的想法，结果胜负成败只能靠碰大运。

2. 目标的量化管理

根据需要，必须将所设目标以数字的形式明确固定。包括确定日期在内，本书将量化的目标称为 **KGI（Key Goal Indicator）**。

公司的经营指标以及其他目标数值，已经以数字形式固定下来的同时也可以成为 PDCA 的量化管理指标。关于定性目标的管理，例如：希望出人头地、想要成为一名模特、但愿流芳百世等，这些均表达了一种个人的理想或者愿望，如果仅仅将它们停留在定性层面，就很难对其结果做出客观的评价，最终 PDCA 的精度也会大打折扣。

正因为如此，在可能的条件下也应当将原本定性的目标量化，以使它们更容易得到控制。

将定性的目标用数字定量化的具体事例如下。

· **"希望减肥"** → **"脂肪率降至 20% 以下"**

· **"想要把公司做强做大"** → **"销售额达到 100 亿日元"**

· **"希望得到上司的认可"** → **"人事评价达到 A 级"**

- "希望儿子能够喜欢我" → "每周和儿子一起洗三次澡"
- "决心打造出人气商品" → "专用网站受欢迎商品达 5000
件以上"

图 2-1   目标的量化管理（KGI）

经销篇

> 三个月后目标，每月新开发客户十个

英语篇

> 三个月后目标，TOEIC（国际交流英语考试）800 分

顺便说一说，本公司提出的目标是"创造可融化南极坚冰的炽热世界"。将这一目标量化的结果是"创建股票市值超百兆日元的规模企业"。

除此之外，关于不容易用数字表达的目标，例如"提高团队的凝聚力""创作一部铭心刻骨的作品"等那些以第三者内心世界为对象的目标，则可以用民意测验的方式加以表达。将内心世界定量化的民意测验，日语称之为"定性调查"。

3. 尽可能将目标具体化

将目标具体化，并不意味着将目标无限放大或者无限延伸。正如第一章所说，将目标设置得过于庞大，有可能导致下一级 PDCA 循环无据可依，操作起来让人无所适从。

这一点同样适用于上面提到的"设定目标日期"和"目标的量化"。

关于"日期的设定"，如果将目标值设定为"十年以后能够讲一口流利的英语"，则可供选择的手段方法漫无边际，这反而让人感到不知所措。十年时间，或许可以移居海外，也可以去外国留学，还可以去英语补习学校，可以选择的途径无穷无尽。

相反地，"限定一周之内学好英语"，像这样把目标值设定得过于临近，同样让人无从下手，也不可能取得好的成绩。

理想的目标值通常应当是一到三个月。

这个期限，无论对于个人还是对于整个团队的成长都给予了充分的时间（当然那还要取决于目标的具体内容）。通常认为，这期间环境不会发生戏剧性的变化，更有利于制订出行动计划。有利于制订行动计划，同时意味着能够始终使团队保持高涨的热情。

关于"目标的量化"，如果直接把"年销售额"设定为销售人员的量化指标，运转起 PDCA 时你就会发现需要解决的课题多如牛毛。这样实施起来很容易半途而废，验证起来也难免流于形式。通常情况下，可以把年度销售额划分为季度或者月销售额。即使这样，计划也仍然难免过于粗糙。

要想将销售额进一步划分，就必须详细分析"销售额"的具体构成。这似乎并不是一件困难的事情。说起扩大销售额，要么开发新的客户，要么提高现有客户的销售单价，为此采取的措施也不尽相同。通过详细分析当前公司销售额的具体构成，可以找到更加便捷的解决方法，并为此提出相应的假说。

分析结果，如果判定开发新客户是最佳方法，在实际运转PDCA 时，就可以将目标设定为"月开发新客户 30 个"，并为此制订出相应的实施计划。

无疑，在实际工作当中，多数情况下会由公司领导或者客户单方面提出数值目标。这时得到的目标值极其粗糙，不能直接用以参与 PDCA 循环，需要细化后提出自己的数值目标。这样做可以大大提高 PDCA 循环的精度。

● 步骤二　找出目标与现状之间的差距

目标确定之后，接下来就要对**目标与现状之间的差距进行分析**。其中起着重要作用的，无疑仍然是上面提到的目标量化。用同一标准对现状进行量化分析，可以很容易地找出目标与现状之间的差距。

需要指出的是，目标的量化过程是提高验证精度的必要手段，但是并非意味着对所有定性目标的排斥。

例如，公司确定月平均开发新客户目标值为五个。某推销员自发地将其提高了一倍，即月平均开发新客户目标值十个。

这时，定量的目标值差额为"增加五个"。

另一方面，定性的目标又是怎样的呢？

现实情况，或许这位推销员对自己的推销活动并没有信心。由于曾经受到客户的训斥，他甚至不敢给客户打电话，不敢去客户公司拜访。在这种情况之下，本人却提出将开发新客户目标值提高一倍，其背后的原因或许只是"想要证明自己还有能力"，抑或是"想要洗刷曾经受到的耻辱"。

这种情绪，在 PDCA 循环当中很难成为其后的验证对象，也不可能出现在常见的 PDCA 循环图表当中。

但是无疑，这种情绪已经成为这位推销员转动 PDCA 循环时的强大动力。也正是这一原因，这种定性的情绪同样可以释放出巨大的能量。

如果读者是一位企业的管理人员，针对公司职员这一定性的思想活动，应当因势利导，切忌简单粗暴。

图 2-2　目标与现状之间的差距

经销篇

> 上月为止月平均五个，本月起希望增加一倍

英语篇

> 上次 TOEIC 考试 600 分，此次目标增加 200 分

● 步骤三　制订课题、提出解决方案

目标与现状明确之后，就要**制订课题，提出解决方案**。

目标与现状之间的距离越大，需要解决的课题自然也就越多。如果是一个团队共同面对同一个目标，考虑到各方面的利益，成员之间还需要相互协调（共同制订课题）力求达成一致。

所谓的课题，不一定都表现为短板。如果能够发挥特长弥补短板，长处理应也可以成为实现目标的重要课题。

如果是个人运转 PDCA 循环，建议就下列各项内容一边向自

己提出问题，一边在纸上写出自己的想法。

- **"面对目标，自己应当做出哪些努力？"**

- **"按照目前的做法，仍存在着哪些不足？"**

- **"为了加快 PDCA 运转速度，目前自己还有哪些长处没有发挥出来？"**

- **"是否需要采取对策，用以防范可能出现的风险？"**

- **"周围已经取得成果的人，他们曾经做出过哪些努力？"**

如果是团队行动，最好将代表大家共同智慧的课题写在便条上，张贴在房间四周的墙壁上。这时并不需要顾及上面的内容是否工整，对别人提出的意见也没有必要拒绝。课题往往就隐藏在身边，为此需要营造出良好的气氛，以便让大家各抒己见。

理想的结果是，制订出的课题准确无误，并且没有丝毫的遗漏。

计划阶段能否保证 PDCA 高效运转，完全取决于对事物的整理是否全面，对现状的分析是否透彻（这部分内容将在第三章应用篇中加以说明）。

但是，不论采集到的信息多么充分，也不论对课题或现状把握得多么准确，都无法保证从根本上掌控全局。这种情况下，不如从主观上寻找原因，增强自信，以确保 PDCA 循环的高速运转，否则就是本末倒置。

即使这个阶段有些课题没有被发现，但只要定期进行成果验证，迟早也会发现存在着的其他课题。

要知道，PDCA 循环不停地运转，本身也是在发现课题解决课题。

图 2-3 提出课题

经销篇

- 展示阶段总是稍逊一筹
- 计划性不强，一天只能访问三家客户
- 与客户的交流能力低下
- 讲话时速度太快
- 第一印象不佳

英语篇

- 阅读较长英文句子费时费力
- 对商务英语不甚了解
- 听力不强
- 生单词较多
- 考试时精神紧张

● 步骤四 将课题按照优先顺序排列，锁定三个主要课题

在通常情况下，总体目标确定之后，便可以罗列出众多个不同的课题。无疑，如果这些课题能够逐一得到解决，那将是最理想不过的。然而随着课题的不断分解，加上措施和行动的相继实施，实

际当中需要解决的课题非但不会递减，反倒像是一场倍数游戏一样不断增加。

如果一个人不得不同时面对多个不同的目标，其结果只能是焦点模糊重心偏移，以至难以收到预期的效果。

为了防止这种情况出现，重要的一步是对课题进行适当筛选，**在决定"暂时搁置"事项的同时，将"务必实施"的课题排列出优先顺序。**

下面，我们就对步骤三中所罗列的课题做一个分析，并且确定出主要课题。

其中应当遵循的标准有以下三点：

整体效果（IMPACT）、所需时间以及能否轻松参与。

关于整体效果和能否轻松参与，可以按照 ABC 三个等级对其进行评价。关于所需时间，可以认为那是为解决课题所占用的**工时（即延续的时间或天数）**。最后，我们还将把所有课题同样按照 ABC 三个等级排列出优先顺序。

筛选的最终目的，是要确定出三个主要课题。必须指出，重点课题过多可能会造成 PDCA 的负担过重，反之如果重点匮乏则有可能导致优先课题的遗漏。

接下来，我们将对三个评价标准以及如何排列优先顺序做一个具体说明。

1. 整体效果（IMPACT）

通常情况下，我们会把对实现总体目标可能产生重大影响的课题设置为 A 等级。这是排列课题优先顺序时最为重要的标准之一。

关于课题的解决如何对总体目标产生影响，我们将在以下各个步骤当中进行具体分析。现在，我们只需要简单地考虑"哪些课题的解决会对实现总体目标更加有利"，并将其设置为 A 等级。

通过书后准备的十分钟 PDCA 体验表可以得知，这其中存在着一个明显的倾向，即人们总是希望把所有课题都设置为 A 等级。这种心理似乎可以理解，因为没有人会把一些毫不相干的事情当作课题列出，但是这样一来便失去了优先顺序的意义。如果把所有课题都设置为 A 等级，那么不必说"A 等级之间仍然可以进一步细分为 A、B、C"。

当然，有时因为信息量的不足，或许我们很难将课题的解决所带来的整体效果进行充分的比较。

例如，确定总体目标为减肥十公斤，那么"加强运动"和"限制饮食摄入"这两个选项究竟哪一个更为重要，对此或许很难立即给出恰当的回答。

为此，一般人都会立即想到上网查询，考虑到此后的 PDCA 循环运转，这倒也算不上什么麻烦的事情。

不过即使上网查询，有时也不一定能够得到满意的答复。

这时唯一的解决方法，只有确定一个自己认为最具有说服力的选项。

PDCA 原本就是一个假说思维的过程，一旦发觉假说条件不成立，那么只要改变条件重新制订课题即可。

图 2-4　锁定课题

经销篇

	整体效果	所需时间	轻松参与	优先顺序
展示阶段总是稍逊一筹	B	一个月	A	B
计划性不强，一天只能访问三家客户	A	一个月	B	A
~~与客户的交流能力低下~~	B	三个月	C	C
~~讲话时速度太快~~	C	一周	B	C
第一印象不佳	A	两周	B	A

英语篇

	整体效果	所需时间	轻松参与	优先顺序
阅读较长英文句子费时费力	A	三个月	A	B
~~对商务英语不甚了解~~	B	三个月	B	B
听力不强	A	三个月	A	B
生单词较多	A	三个月	A	A
~~考试时精神紧张~~	B	?	C	C

2. 所需时间

这里所说的时间，是指"预计完成某一课题所花费的时间"。

由于面临的任务是课题攻关，因此很难以"每天所占用的时间 × 天数"计算出总工时数。我们只需要粗略地估算完成某一课题所需要的"时间"，例如"大约需要一周"，或者"至少需要一个月"等。

如果完成该课题所需的时间不可预测，则只需在时间栏内画上"？"号，以表示所需时间不详。

对于那些难度大，持续时间较长，并且与总体目标的实现几乎同步的课题，则应当在时间一栏当中如实记录完成日期。

顺便说明，如果所制订的课题与提高"时间效率"有关，那么完成该课题所占用的时间，就是实施该课题的"效果"。这时的"时间"，可以认为是"提高时间效率所需的时间"。

需要提醒注意的是，在我们的头脑当中，始终不能忘记总体目标所设定的终极日期。即使效果再明显的解决方案，如果在预先设定的总体目标达成日期之前不能够实现，那么最好还是在这一时间点上及早将其从方案清单当中予以剔除。

3. 轻松参与

根据少花钱多办事（合理分配人力资源）的理念，按照风险小易实施，且不易对团队成员造成心理负担的原则，需要对课题进行综合性评价以确定出不同的等级。

有关心理负担，对于这个问题的说法不一，既有人赞成也有人反对。我个人认为，既然是 PDCA 循环运转，就没有必要强人所难。我主张轻松参与，从简单的部分做起，循序渐进不断深入。一般来说，人们做事一旦感到了兴趣就很难轻易地放弃，自然会乐此不疲。

对于那些无论如何也打不起精神的人，就需要争取得到外部的协助，通过同事之间的交流赋予其开启工作热情的钥匙。或许也可以考虑将其排除在团队之外。

如何排列优先顺序？

在确定了上述三个标准之后，接下来便是将课题排列出优先顺序，锁定三个重点课题。

有关各个标准在整体运作当中所占比重，可以根据各自的情况自行确定。如果是企业，则这一标准的比重分配直接反映出该企业的个性特征。

以下是我所推荐的选择要领：

① 至少选择一个效果最佳的课题。

② 选择一个即使效果不明显但在短时间内可以实现的课题。

③ 同等水平的课题并列，则以是否能够轻松参与为标准进行

选择。

或许有人会说，"以轻松参与为标准选择出的课题过于简单，最终难以取得成果"。

可是，即使在这一阶段放弃复杂课题选择了轻松参与，如果在验证阶段没有能够显现出成果，最终还是要重新考虑制订出新一轮的课题。

那时，轻松参与的课题已经被证实无效，以往不愿直面的课题"不得不再次拿出来重新考虑"。届时思想或许也会随之发生转变，认识到"该课题如果不能得到解决终将影响全局"，曾经的敬而远之，此时也不得不转为积极应对。

顺便指出，在这个阶段，制订课题时曾经进行过一次筛选；制订后期解决方案时也曾进行过一次筛选；将解决方案分解为具体任务时还需进行一次筛选；验证结束对验证结果的调整方案又要进行一次筛选。

或许有人会说，四次筛选排列出优先顺序，这样做未免过于烦琐。但是随着 PDCA 的不断深入，为了保证整个活动不会陷入僵局以致半途而废，可以说，所有这些筛选过程缺一不可。

此外，在日常生活当中，我们每天都会遇到许多有待解决的课题。我们不可能把自己的全部精力仅仅投入一个课题的 PDCA 循环上。有时我们会觉得自己整日忙得不可开交，甚至废寝忘食。

也正是在这个时候，我们更应当牢记——凡事不可面面俱到。应当突出重点，掌握轻重缓急，这一点至关重要。为此，我们就必须对众多的事物排列出优先顺序，这其中所包含的建设性意义不言而喻。

● 步骤五　课题的 KPI 指标化

课题设定之后，下一步就要将这些课题数字化。

这就是众所周知的 KPI，即绩效指标。和目标的定量化一样，它是在验证阶段客观地把握课题进度状态的指标，也可以认为是接近总体目标的"子目标"。

有些课题数字化处理起来并不十分复杂，但是对于那些定性的课题就显得比较麻烦。

例如"公司员工缺乏工作热情"之类的课题，就比较不容易数字化。

有时为了得到 KPI 指标，或许还要请人事咨询公司协助做民意调查，以确定"能否提高七成员工的工作热情"（为此还要对现状进行评估，因此至少需要对民意进行两次测试）。

但是，诸如"无法使部下说出心里话"之类的课题，仍然难以通过民意测验达到目的。不过尽管复杂，我们还是可以对所有课题进行 KPI 数字化处理。

图 2-5　课题的 KPI 指标化

经销篇

课题	KPI 指标
展示阶段总是稍逊一筹	展示优胜率　30% → 50%
	~~得到上司的赞赏　0 次 → 1 次~~
计划性不强，一天只能访问三家客户	预约走访客户　一天三家 → 六家
第一印象不佳	电话接听率　5% → 15%
	~~自我评价 A 比率　60% → 100%~~

（最重要 KPI 指标＝电话接听率）

英语篇

课题	KPI 指标
阅读较长英文句子费时费力	~~较长英文句子阅读速度　60 字／每分 → 80 字／每分~~
	TOEIC 阅读习题 7，一分钟读解率　70% → 90%
听力不强	~~听力习题得分　300 分 → 400 分~~
	听力软件习题准确率　70% → 80%
生单词较多	~~单词量　7000 单词 → 9000 单词~~
	单词练习软件准确率　60% → 80%

（最重要 KPI 指标＝单词准确率）

　　例如，根据"一天是否与部下闲聊五分钟以上"的统计数字设定 KPI 指标，便是一个很好的方法。又例如，在进行自我评价时，通过记录"今天部下主动与自己谈话的次数",同样可以得到一周平均的数字指标。

这种情况下,本人更愿意向各位推荐后者。

即使是自我评价,部下和自己主动谈话的次数也不可能出现错误,作为评价标准的统计数字更不可能凭空捏造。

通常情况下,将课题 KPI 指标化会有多个不同的选择。

这时,我们没有必要面面俱到地瞄准所有结果,只需要选择一个具有代表性的 KPI 指标。

选择具有代表性 KPI 指标的标准是,该 KPI 指标必须能够得到反复的验证,其成果必须能够如实地反映到这一指标当中。

例如,在学习英语时,回答问题的准确率无疑是正确反映学习成果的一个 KPI 指标。但是,如果在解决提高英语单词能力这一课题时,运用了反映朗读练习的 KPI 指标,就很难简单确定英语单词能力是否得到了提高,要想验证还必须做大量其他练习。反之如果使用社会上比比皆是的单词练习软件,把其中回答问题的正确率设定为 KPI 指标,不但可以准确地反映出英语单词的学习成果,验证起来也比较方便。

必须指出的是,KPI 指标只是"目标的评估结果",并非必须采取的行动目标。

用上面的例子说,"参加基本礼仪训练培训班"以及"每天主动与所有部下打一次招呼",则是应当采取的行动目标,这些将在实施阶段予以设定，不得把它们混为一谈。"参加培训班后希望得到的结果""每天主动与部下打一次招呼后希望得到的结果"，其中"希望得到的结果"的标准才是 KPI 指标，即所谓的绩效指标。

有关 KPI 指标，还有一个重要的问题需要加以说明。

假设有三个课题分别制订出三个 KPI 指标，其中重要的问题是，应当从中挑选出一个"最重要 KPI 指标"（即相当于步骤三中整体效果最明显的课题 KPI 指标）。对课题"开发新客户"来说，通常最重要的 KPI 指标应当是对"开发新客户"具有重大影响的 KPI 指标；对课题"TOEIC 考试"来说，则应当是与"掌握的单词数量"直接相关的 KPI 指标。

之所以把它们称为"最重要 KPI 指标"，是因为它们就如同一个子目标，在这个子目标实现的那一瞬间，总体目标便可以大大地向前推进。它们在所有 KPI 指标当中占据着特殊的位置。对于这样一个"最重要 KPI 指标"，或许不需要每天验证，但至少也应当把它写下来贴在办公室的墙上，每天加上一些批注以示对它的特殊关照。

● 步骤六 制订解决方案，达成 KPI 指标

确定了 KPI 指标之后，就要制订出解决方案，以确保 KPI 指标的达成。

所谓解决方案，可以认为那只是一个"大致的方向"。这里所制订的解决方案，在下面第四章的实施阶段，将被具体地分解为行动措施（DO），并且被进一步落实为具体任务（TODO）。如果把它们称为"对策"，恐怕读者会将它们与"行动措施"和"具体任务"混淆，为此这里特地把它们称为"方案"。

根据情况，有时数个 KPI 指标可以通过一个共同的方案得到解决。这种情况下，在罗列解决方案时，可以不必刻意将 KPI 指标分开。相反，针对一个 KPI 指标，至少需要考虑到一个解决方案。多数情况下，一个 KPI 指标可以引发数个解决方案。特别是对于那些抽象的课题，有时甚至还可能涉及更多的解决方案。

有些课题（KPI 指标）的解决方案显得十分明确。

例如，有关掌握知识和工作技能的课题，解决方案不外乎寻找有关教材，确保时间充足，并一味地刻苦攻读。像这样，"做"与"不做"决定胜负成败的课题（KPI 指标），就比较容易找到答案。

图 2-6 达成 KPI 指标的解决方案

经销篇

（最重要 KPI 指标 = 电话接听率）

KPI 指标	解决方案
展示优胜率 30% → 50%	找一些出色的演示文稿资料进行分析
	与展示技巧高超的前辈一起参加展示会
	在同事面前模拟展示听取对方的反响
预约走访客户 一天三家 → 六家	发现并取消工作当中的无用功
	能够移交的工作尽量交给助手完成
	与上级商量，争取得到批准适当使用出租车
电话接听率 5% → 15%	练习微笑待客
	参加学习班进行发声训练
	阅读并探讨经销术

英语篇

（最重要 KPI 指标 = 单词准确率）

KPI 指标	解决方案
TOEIC 阅读习题 7， 一分钟读解率 70% → 90%	反复解读较长英文句子的问题
	坚持每天阅读英文报纸
	训练五十秒内解答一道问题
听力软件习题准确率 70% → 80%	坚持每天听教材录音
	多看英文电影
	上网接受英语一对一指导
单词练习软件准确率 60% → 80%	买一本单词册，拼命背单词

比较复杂的课题，例如"争取得到更多的追随者"［KPI 指标：SNS（专指社交网络服务，包括社交软件和社交网络）企业网站"感动"回馈增加 100 件］之类为第三者所感动的课题，以及"提高团队的反应速度"（KPI 指标：增加电话待客件数 50%）等由众多个复杂因素所决定的课题，制订起解决方案来就显得比较麻烦。

面对这种一般方法无法解决的课题，首先要弄清楚"为什么会造成这种局面"，并分析问题产生的原因。之所以不能够立刻找到解决问题的答案，或许是因为问题的原因并没有为人们所察觉。

为了能够尽快地找到问题所在，必须抛弃以往的固有观念。有时单靠一个人的力量很难发现问题，需要依靠"外部力量"，借助书本知识，或者前辈、上级以及专家顾问的智慧。

有些情况下即使得到了外部力量的帮助，却仍然找不出令人信服的解决方案。

有些课题受到时间和人力物力的限制，很难找到合适的解决方案。这时就要发挥主观能动性，开动脑筋想办法解决。然而这种情况并不多见，即使出现了，那么，制订一个计划并实施便可迅速地将其了结。为此，说这种课题根本不属于 PDCA 解决的范畴也未可知。

考虑到以后还有验证的机会，**有时即使对解决方案没有足够的信心，也应尽快实施并对结果进行及时验证**。这时一旦发觉假说不成立，就要控制风险防止进一步造成致命的伤害。

这种 PDCA 的思维方式，与内田和成先生所著畅销书《BCG 视野：假说驱动管理的魅力》（东洋经济新报社出版），以及埃里克·莱斯所著《精益创业》（日经 BP 社出版）的思想极其相似，他们都主张只要感觉到"某种可能"的存在，就应该立即验证以探求究竟。

在一个保守的组织和一位思维僵化的上级的领导下，PDCA 循环之所以难以实施，是因为失败者总会被打上恶人的烙印。在这种环境下，总会有一个声音像多米诺骨牌一样到处肆虐，那就是："能否保证万无一失？"

如果是一决雌雄，为了确认将士们的决心，这种情况下或许也还有情可原。可即使失败不过擦破点皮毛，有些领导却小题大做，究其原因不过是为日后逃避责任埋下伏笔。这样一来，手下的将士又怎么能够振作起精神来呢？

这乃是造成日本企业行动迟缓的最大原因。

● 步骤七　将解决方案按优先顺序排列

开始于一个总体目标的 PDCA 计划工程，此时在你的笔记本上已经分别排列出了众多个解决方案。

这时，保存下来的解决方案至少也是"被认为可取的"（Nice

to have）方案。如果这些解决方案全部都能够得以圆满实施，那将是再理想不过。然而全部实施势必造成负担过重，难免使人半途而废。为此就要像步骤四那样，将各种方案按照**"整体效果""所需时间（工时）"**，以及能否**"轻松参与"**，排列出优先顺序。

这里有两点与上述课题的提出有所不同，需要提醒读者注意。

其中之一，是至少应当保留一到两个可能导致"最优先KPI指标"达成的解决方案。

其次，对于除此以外的其他KPI指标，最好也能够保留一两个解决方案（理想状态，是最终能够保留四个有待解决的课题同时运行）。PDCA循环重点是保持课题的运转，其间首先应当保证"最重要KPI指标"课题的运转。在此基础上，如果有精力，或者认为有必要采取其他措施，根据需要还可以随时追加解决方案。

关于"所需时间（工时）"，可以按照实际操作所消耗的总工时（每天所耗时间 × 天数）为标准计算（如果时间不明也可以在时间一栏画上"？"）。明确时间的目的，不是为了在解决方案之间进行权衡，而是希望那些"立刻能够做到的事情"不至于被人忽略。

这里，将排列解决方案优先顺序的判断标准整理如下。

① 关于"最重要KPI指标"，至少应当保留一个或者两个以上的解决方案。

② 对于除此以外的其他 KPI 指标，在整体效果优先的前提下保留一个解决方案。

③ 短时间内可以解决的方案，即使对整体效果影响不大，也应当予以保留。

图 2-7 锁定解决方案

经销篇

（最重要KPI指标＝电话接听率）

	整体效果	所需时间	轻松参与	优先顺序
~~找一些出色的演示文稿资料进行分析~~	~~B~~	~~10 小时~~	~~A~~	~~B~~
~~与展示技巧高超的前辈一起参加展示会~~	~~B~~	~~10 小时~~	~~C~~	~~C~~
在同事面前模拟展示听取对方的反响	A	2 小时	B	A
~~发现并取消工作当中的无用功~~	~~A~~	~~一周~~	~~C~~	~~A~~
能够移交的工作尽量交给助手完成	A	1 小时	B	A
与上级商量，争取得到批准适当使用出租车	B	0.1 小时	C	B
练习微笑待客	B	?	A	B
参加学习班进行发声训练	C	3 小时	B	C
阅读并探讨经销术	A	10 小时	B	A

英语篇

(最重要 KPI 指标 = 单词准确率)

	整体效果	所需时间	轻松参与	优先顺序
反复解读较长英文句子的问题	A	30 小时	A	A
坚持每天阅读英文报纸	B	90 小时	C	B
训练五十秒内解答一道问题	A	30 小时	B	B
坚持每天听教材录音	A	?	A	B
多看英文电影	C	40 小时	A	C
上网接受英语一对一指导	A	12 小时	A	A
买一本单词册，拼命背单词	A	90 小时	B	A

关于其他被暂时搁置的解决方案，考虑到有可能在以下环节的循环当中重新复活，为此也不应当立即将其放弃（这一点同样适用于 PDCA 其他各个环节）。

● 步骤八　将计划可视化

至此，我们已经建立起了一个大致的计划，整个计划阶段即将告一段落。

如果由一个团队共同运转 PDCA 循环，团队成员就应当对计划制订的全过程实现共享。根据以往的经验，当计划者与执行者不是同一人物时，经常会出现在执行者"不知情的情况下"方案被突然摆放在面前的尴尬局面。执行者的情绪决定团队的执行力度，不能有半点疏忽。

另一方面，如果是个人运转 PDCA 循环，就要力求将解决方案"可视化"。在此我建议，应当把 KPI 指标写在纸上，贴在四周显眼的位置。

各位是否听说过流星理论？

那就是说，如果能够在流星消失前的一瞬间说出自己的梦想，便可以使梦想成真。如果一个人能够在近乎一秒钟时间内迅速地说出自己的梦想，足以证明他精神集中，始终把自己的梦想铭记在心上。

所谓"电梯游说"亦是如此。要想在电梯里对偶遇的投资家，在短短的三十秒内表明自己公司的经营理念，如果平时没有集中精神一直在思考着同一个问题，是根本不可能做到的。

精神集中，大脑细胞就会变得活跃。从前我曾经买过软银公司的股票。那段时间，在我的眼前总是会出现软银公司的手机。同样道理，精神集中，心里就有了目标，生活的启迪会成为生命中取之不尽的源泉，成为 PDCA 循环用之不竭的动力。

我自己就曾经在房间里张贴告示；在手机提示器中记录下"一周十项课题"的数值目标；在笔记本的日期栏上写下当天的利润指标；还在桌子四周到处贴满便条，利用各种手段让设定的目标强制进入自己的视野。

这样做一方面让自己的身心始终充满活力，另一方面也对集中精神思考问题产生了极大的效果。建立起一个精神集中的外部环境，在 PDCA 循环当中所起的作用同样不容小觑。

● 就上一层面 PDCA 进行再确认

在步骤一的开始阶段我们曾经说过，没有目标就不可能有 PDCA 循环。

这里，我还要向大家提出一个问题。

——我们为什么要瞄准一个共同的目标？

通常，人们总是会倾向于忽视长期目标而忙于眼前事物，丢掉了宏观视野而着眼于微观世界，忘记了事物的本质而只图表面形式。这种情况更容易发生在被旧的习俗束缚，思维陷入停滞状态，却又整天忙得不可开交的组织和个人身上。

为此，在正式运转 PDCA 之前，就要对其"大背景"，即上一层面的 PDCA 认真地审视一番。

确认之后，或许可以带来以下两种结果。

去除了无意义的 PDCA 循环

以下两种情况会带来 PDCA 计划的变更。

假设，某人的朋友买了一辆高级轿车。见此情形，他自己也制订了一个目标——一年之内买一辆宝马。然而此后经过一番思考，他开始问自己——我为什么要买宝马？结果发现，这背后不过是一种叫作"虚荣心"的陈腐思想在作怪。

接着他又问自己——我这样做到底是为了达到什么目的？

想来想去，他觉得自己或许是为了将来能够过上更好的生活。既然如此，眼下仅有的一点资金，与其图一时的虚荣不如拿来投资，等到赚得更多的钱以后再买宝马也为时不晚，这种判断似乎显得更加合理。

想到这里，他停下了"购买宝马"的 PDCA 循环，取而代之开始运转起了"投资赚钱"的 PDCA。

在一些公司或许可以看到这种情形。一些有志之士提出了一些新的想法，于是商量之后便开始行动起来。这看似无可厚非，但是他们的想法有时却与公司的经营方针背道而驰。

尽管如此，如果是为了公司的发展也还有情可原。但如果只是一时头脑发热，那就会给公司的经营带来不可挽回的损失，结果只能适得其反。

这种情况，通常被认为是目光短浅。

每个公司都有自己的经营方针，一切工作围绕着同一个目标运转。为了实现共同的目标，每个部门都要建立起自己的 PDCA 中循环，每一名职工也要有自己的 PDCA 小循环。

人们必须经常对各自的言行进行反思，以确保各个部门的PDCA 循环与公司的经营方针保持一致。通常所说日本企业的"汇报、联系、商量"之所以重要，就是因为通过它可以使各个层面的PDCA 始终保持一致。

对于这个问题如果有丝毫的疏忽，最终只能是徒劳无益。

对 PDCA 充满信心，注入更多能量

对上一层面 PDCA 进行确认之后带来的另一种结果是，对自己正在运转的 PDCA 更加充满信心。

假设某人在上级的劝诱之下开始学习簿记，并且打算在半年之后接受簿记考试。这时他开始问自己——我到底为了什么目的参加簿记考试?

这时，或许他还没有一个明确的中长期目标。现实当中，对于自己三十年以后的情况抱有明确想法的人并不多见。尽管如此，扪心自问却是与自己内心世界展开对话的最佳方式。

对话的结果让他认识到（或者再一次认识到），学习簿记，是为了更好地理解公司的经营数字，为自己将来成为一名公司的经营人员打下基础。于是，眼前的短期目标就与中长期目标完美地结合在一起了。

无疑，这一结果同时使他坚定了信心，让他从此不再摇摆不定。

相反，如果一个人没有树立中长期的远大目标，也就无法全身

心地投入短期目标，以致失去前进的方向。

经常与上一层面的 PDCA 保持沟通，会让你的努力产生非凡的效果。

顺便说一说，谷歌公司采取的 OKR（Objectives and Key Results，目标与关键成果考核体系）思维方法与这一观点极其相似。即，在开展公司业务时务必使每一位团队成员明确公司的总体目标（Objectives），确保每一个行动都能够与这一总体目标保持一致，业务划分的结果不应当与公司的总体目标（上一层面 PDCA）有丝毫的偏离。

不仅如此，除了与总体目标保持一致之外，OKR 还提倡对与实现总体目标紧密相关的重要数据（Key Results）实行严格的管理。这一重要数据，就是高效 PDCA 工作术当中所说的"最重要 KPI 指标"。

● 打破常规，解放思想

——记忆是人们为自己设下的羁绊。

这是将《高效能人士的七个习惯》介绍到日本的著名商业顾问詹姆斯·斯金纳的一句名言。

"这种事情我也能做""这种事情我做不来"——像这样，人们总是会依照以往的经验和知识（也就是记忆），为自己的能力设定出上限。

可是，正如有名的"跳蚤实验"（在一只原本可以跳跃两米高的跳蚤的顶部，放置一个五十厘米高的顶盖，数日之后将顶盖移开，跳蚤已经无法跳跃超过五十厘米的高度）所显示出的那样，多数情况下，这种限制不过是人们的主观意念。

年轻人，抑或是一个团队当中，都蕴含着无限的可能。遗憾的是，多数情况下这种可能无法得到最大限度的释放。

正因为如此，在制订 PDCA 计划时，力争打破固有观念就更加显得具有特殊的意义。

例如，我们可以提出以下设问。

——如何才能够实现三个月以后将公司销售额提高五倍的目标？

无论多么雄心勃勃的经营者，也无法想象在三个月之内将现有一亿日元的月销售额提高至五亿日元。即使有此雄心大志，或许那也应当是一个五年期的庞大计划。

可是，如果打破传统观念硬要制订出一个五亿日元的销售计划，我们将看到一个前所未有的宏伟目标，以及它与现实之间存在着的巨大差距。同时还将看到摆在我们面前的诸多课题。规模如此庞大的目标计划，一个 PDCA 小循环根本无法独立承担。

或许必须为此创造出一个崭新的商业模式。如果利用现有产品，还必须为此设想出一套与众不同的销售方式。

这时，百分之九十的人会得出一个结论——那根本没有可能。

剩余百分之十的人也许会这样想——或许未必就一定办不到。

这就使成功有了一线希望。

像这样，如果过分地拘泥于传统经验，就很难看到希望。打破常规，无论对于个人还是对于一个组织的成长，都是不可缺少的重要因素。人们常说的企业家，正是这样一群能够把空想变成现实的创业者。

我就曾经无数次地打破常规，这已经成为我办事的习惯。

记得刚刚进入野村证券公司时，我为自己设定的目标是——第一年业绩，争取在入公司三年的职员当中第一；第二年业绩，争取在入公司七年的职员当中第一；第三年业绩，力争成为全公司第一。

最终的结果，虽然没有能够登上全公司第一的宝座，但是第一年和第二年，则以绝对优势的成绩成为入公司三年职员当中的第一，第三年同样成为入公司七年职员当中的第一。

那之后，我也曾将考入哈佛商学院设定为未来的目标。当时我并不会讲英语，却为自己设立了如此宏大的目标，不禁令周围的同事目瞪口呆。最终我并没有考入哈佛，也未曾有机会去欧美国家学习。但是得益于高效 PDCA 工作术循环，在自己的努力下我依旧实现了多年的夙愿，受公司委派去了一家海外的商学院学习。

所有这些事实，无不让人得出一个结论。

即，无论设定的目标看似多么高不可攀，我们总有办法以从容的姿态到达顶峰的边缘。

PDCA 循环的思路会变得更加开阔

不仅如此，打破常规对于制订问题的解决方案同样有效。

例如，每当部下前来汇报工作时，我总是会向他们提出这样的问题。

——如果换一个角度思维，是否会有更好的解决办法？

这也是一种打破常规的方式。这时，对方会不假思索地列举出三项解决方案。接下来我会继续问："可不可以再列举出三项解决方案？"这时，多数部下会表情惊讶地回答："再举出三项！哪里有那么多方案？"于是我故意绷起脸，眼睛盯着对方，意思是说——当然有！

我知道不可能立刻得到满意的答复，但是也没有打算助对方一臂之力。

只见部下一副愁眉苦脸的样子，显得有些不知所措。如果这个时候打退堂鼓，一句话——没有就算啦，结果势必造成前功尽弃。

最终，一些部下绞尽脑汁想出的主意令人刮目相看。尽管多数部下想不出更好的办法，但是我的再三逼问给了他们思考的机会，让他们脑洞大开。

我也曾对部下提出过这样的问题。

——我已经了解了事情的大致情况。但我想知道的是，如果你是公司的决策者，你会采取什么样的行动？

　　就是说，完全打破了权利范围和职责范围的界限。这时对方会感到一时的迷惑，在经过一番深思熟虑之后，他们也会提出一些非常有趣的想法。有的部下甚至对我说："我总是停留在自己的小圈子里考虑 PDCA 小循环，或许我也应当在更大的范围内思考 PDCA 的大循环。"

　　有关团队工作的指导方法，我将在第八章加以详细论述。

　　顺便再说说前面提到过的跳蚤实验。要想使那只只能跳跃五十厘米的跳蚤恢复原有状态依旧非常简单，只要在那只跳蚤的旁边投入一只能够跳跃两米高的跳蚤即可。受到大脑强制拉力的作用，这只跳蚤立刻可以感觉到自己也能跳跃到那个高度。

计划篇

- 你希望实现一个什么样的目标?
- 你为什么希望实现这样一个目标?
- 相对于你的现状,你不认为这个目标很短浅吗?
- 你希望达到的目标与你的现状之间存在着怎样的差距?
- 为了弥补这个差距,你都考虑了哪些课题?
- 其中名列前三名的分别是什么样的课题?
- 如果定量分析课题成果,将会得到哪些评估数据?
- 为了实现这些目标值,你都考虑了哪些解决方案?
- 请将解决方案按整体效果、所需时间和轻松参与排列出优先顺序!

3.

第三章

计划阶段应用篇：
"因式分解"提高
假说精度

● 因式分解决定 PDCA 的速度与深度

在我的心目当中，运转高效 PDCA 工作术，如果用驾驶汽车来比喻，就好比是"判断式驾驶"。

对高效 PDCA 工作术来说，以"安全驾驶"为目的的现实的驾驶方法并非理想的方法。以"全速驾驶"为目的的所谓"判断式驾驶"，才是迅速到达终点的最佳选择。它可以带领你在高度精准预测的基础之上，规避各种重大事故的风险，开足马力朝着目标勇往直前。

正因为如此，提高假说的精度成为高效 PDCA 工作术不可缺少的要素之一。

支撑这一假说精度的基础，便是**"因式分解"**。

这里引用的是数学当中的一个术语，**其基本目的，是尽可能详细地罗列出构成"目标"与"现状"之间的各种因素。**

包括因式分解在内，我在说明问题时经常会使用一些"公式符号"。

除了数学概念之外，当然也包括文科学生容易理解的、逻辑思维当中经常使用的"逻辑树"的概念。目的无非是将问题细化，为此下面我将使用逻辑树的概念加以说明。

百闻不如一见，下图便是所谓逻辑树概念的一个实例。

图 3-1　逻辑树实例

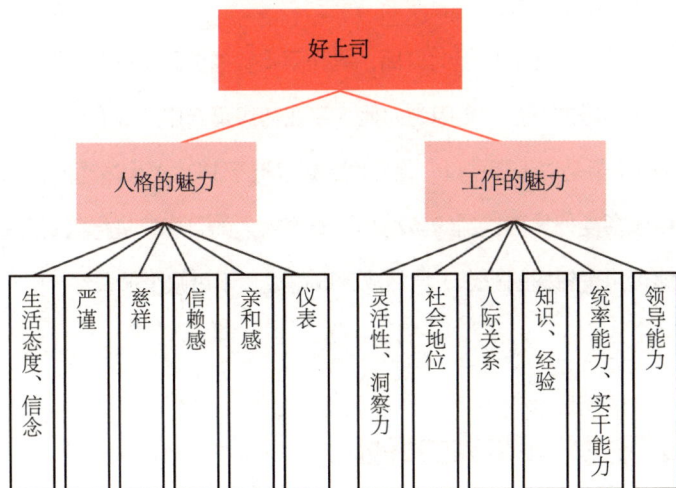

最上面一段显示的内容，便是因式分解的对象。

这里选择了"好上司"的例子。假设选定的课题是成为一名好的上司，那么首先遇到的问题便是——如何才能成为一名好的上司？我们没有必要为此烦恼，只要先来看一看"什么是好上司"，并且尝试着将它因式分解。通常作为一名"好上司"，无非可以从两个方面进行评价，一个是"在人格上具有魅力"，另一个是"在工作上具有魅力"。

所谓"在人格上具有魅力",同样存在着诸多因素。

通过对事物进行分解,我们可以详细地了解到事物的本质,掌握它们之间存在的差异,提出需要解决的课题,制订出相应的解决方案。无疑,通过对课题进行比较,我们还可以找出一条最为便捷的解决问题的途径。

对于那些比较单纯的目标,或许不需要通过因式分解也能够找到解决问题的方法(正因为如此,我在初级篇当中才没有做更多的阐述)。但是对于那些设定值较高,更接近于 PDCA 大循环的目标,其中包括受外界因素制约解决起来难度较大的目标,进行因式分解(即运用逻辑树的概念)自然成为取得成功不可缺少的条件。

● 因式分解带来的好处

因式分解所带来的好处有以下五个方面。

1. 防止课题的遗漏

运转 PDCA 循环始终不见成果,而且原因不明——这时就应当立即改变视线,从另一个角度重新审视面临的课题。

可是如果不进行因式分解,只一味地在课题和原因之间绞尽脑汁，结果最多只能看到四五种可能。相反，如果将某一课题分解为二十个因子，就等于一下子"增加了二十个视点"。

充分利用因式分解，可以戏剧性地大大降低课题遗漏的概率，对于提高假说的精度同样会产生巨大的效果。

2. 及时发现并解决课题的瓶颈

有时目标与现状之间存在着巨大的落差，弥补这一落差又会对现实带来巨大的冲击，即出现所谓的瓶颈现象。但是，如果将课题分解成多个因子，问题的实质就会清晰地浮出水面。

与其漫无边际地寻找课题，不如将人、财、物有序地投入问题的关键之处，势必带来事半功倍的效果。

3. 容易实现 KPI 的指标化

课题显示得越具体，就越容易实施定量化处理。例如，设定目标为提高经营业绩。此时，如果在课题不明确的情况下又不进行因式分解，结果定量化指标只能是"合同签约数""销售额""利润率"等泛泛的数字。通过对这些数字验证得出的综合性结论，很难显示出课题是否真正得到了解决。

如果进行因式分解，就可以清楚地得出结论。例如，问题的瓶颈或许在于——以邮件形式向潜在客户开展推销活动，而客户的回复率始终处于平均值以下的较低水平。这时，如果将客户的回复率设定为"最重要 KPI 指标"，同时参考其他同事撰写的邮件内容，学习书本上有关解决瓶颈问题的相关知识，或许能够聚焦解决方案，取得预期的效果。

4. 增强信心，轻松实现所设目标

假设，将"希望得到更多的幸福"这一目标因式分解。

如果真心希望得到更多的幸福，将这一目标因式分解后可以轻松地得到一千多个因子。

这个数字的确可观，但它同时意味着——爬上这一千级台阶，便可以获得更多的幸福。那么，如何才能爬上这一千多级台阶呢？前景如此渺茫，不足以激发人们的干劲。相反，立足脚下，坚实地迈出每一步，或许更容易让人坚定信心。

只看到目标与现状之间的落差，很容易让人感到失望，以致放弃对目标的追求。如果将目标拆开分解你就会发现，那巨大的落差不过是一级一级小小的台阶堆砌的结果。因式分解，是将眼前的壁垒敲打成碎片的最好工具。

5. 促使 PDCA 循环快捷深入

因式分解防止了课题的遗漏，找出了解决课题的瓶颈，提高了 KPI 指标的准确度，使得解决方案更加具有成效。由于最初阶段对目标与现状之间的落差进行了"深入"的解析，从而大大提高了计

划阶段各个步骤的精准度，缩小了验证阶段以及调整阶段的修正范围，加快了 PDCA 循环的运转速度。

正所谓，因式分解促使 PDCA 循环"快捷、深入"。

此外，由于明确了目标与解决方案、KPI 指标与解决方案之间的关系，以往的"被动实施"变成了富有成效的"主动实施"，团队成员相向而行，这同时也提升了实施阶段的运转速度，进而缩短了整个 PDCA 循环的运转周期。

● 要领一　将课题抽象化之后分解

接下来，这里将列举因式分解需要注意的七个重点事项。

一部分专业书籍把置于逻辑树顶端的内容称为"论点"或者"Issue"。

"Issue"英文原意是指"课题"。在此，我们的目的是通过因式分解找出需要解决的课题。如果在顶端放置"课题"势必造成混乱，为此本书将置于逻辑树顶端的内容称为"主题"。

既然是"主题"，就不一定必须是 PDCA 循环中的"目标"。

例如，公司将经营目标设定为"营业利润十亿日元"。将这一经营目标因式分解，这时的主题可以是"利润构成"。紧接着逻辑树的第二阶段,可以将这一主题继续分解为"销售额"和"经营成本"。

无疑，也可以将经营目标"营业利润十亿日元"直接写进逻辑树当中。

只是在这种情况下，逻辑树的第二阶段也不得不相应地加入"销售额五十亿日元，经营成本四十亿日元"之类的数字，以至于从一开始便形成了一个庞大的假说。对经营者来说，公司的经营数据早已是见怪不怪，为此这样写并非不可能，更何况因式分解起来速度更快，只是作为因式分解的"主题"难免陷入混乱。

正确的做法，仍然是将"利润构成"这一一般性的内容设置为主题，并将重点放在如何因式分解上。根据情况再加入一些数字，这样多数情况下依旧可以促进 PDCA 快速运转。

另有一种方法，在对主题进行因式分解的过程当中，如果明显地出现了重大的课题要素，就应当将这一课题另行设置为主题，并且为此重新建立起一个逻辑树。这种方法与运转 PDCA 循环时，将总体目标分解为不同的课题，将这些课题分别作为 PDCA 的中循环或小循环独立运转是同样的道理。

● 要领二　深度挖掘、追究原因五次

由逻辑树可以看出，针对某一主题进行因式分解似乎让人感觉永无止境。但是，如果看到再次分解下去已经没有任何意义，就没

有必要继续勉强。

可现实情况是，多数人在进行因式分解时总是显得十分肤浅。

根据我的经验，在进行因式分解时，无论公司怎样要求尽可能详细划分，可多数人在分解到逻辑树的第三层时便无法继续往下进行。例如在讨论"如何将团队的业绩提高一倍"时，有些人便郑重其事地回答"关键是要加强成员之间的沟通"；在考虑"新产品的促销方法"时，这些人也只是回答"最好仍然是利用 SNS 做广告宣传"，似乎除此以外没有其他任何办法。

至于是什么原因阻碍了成员之间的沟通，以及利用哪一家公司，如何做好 SNS 广告宣传这些问题，他们似乎全然不曾考虑。如此肤浅的因式分解不可能发现课题，也不可能使 PDCA 循环得以正常运转。

按照我的要求，**深入挖掘的深度标准至少应当是五个层次。**

如果深入挖掘到这种程度，课题就会变得非常具体，而且很容易找到解决方案，更不会使接下来的实施阶段陷入迷途。

必须说明的是，并不是要求对逻辑树中所有内容统统都要挖掘五次。但是对于有可能成为课题的事项，按照要求必须深入挖掘五次以上。

逻辑思维的另一个基本概念，是因式分解当中存在着的两种不同的逻辑树形，一种是反复强调"WHY"（原因）的 WHY 树形，另一种是反复强调"HOW"（如何）的 HOW 树形。

在查找原因时，就要反复追问并且回答"为什么（为什么不行？/

为什么能行？）"的问题；在寻求解决课题或者解决方案时，就要反复追问并且回答"如何"（如何组织／如何实现？）的问题。

这两个问题在 PDCA 循环当中具有魔法般的威力。

图 3-2　WHY（原因）树形的实例

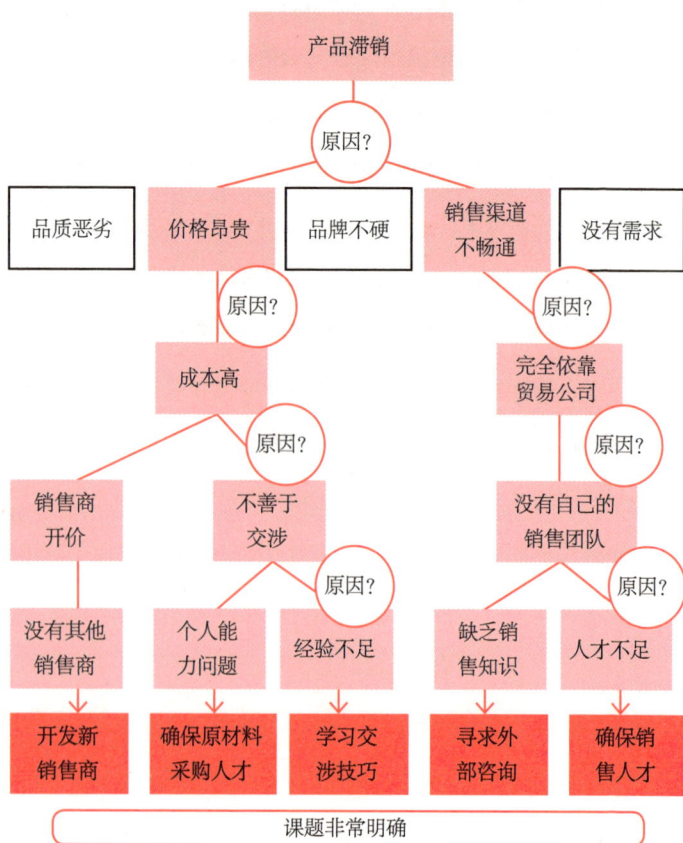

产品滞销

原因？

品质恶劣　　价格昂贵　　品牌不硬　　销售渠道不畅通　　没有需求

原因？

成本高

原因？

销售商开价　　不善于交涉

完全依靠贸易公司

原因？

没有自己的销售团队

原因？

没有其他销售商

个人能力问题　　经验不足

缺乏销售知识　　人才不足

开发新销售商　　确保原材料采购人才　　学习交涉技巧　　寻求外部咨询　　确保销售人才

课题非常明确

● 要领三　第一层次彻底贯彻 MECE 原则

学过一些逻辑思维的人或许都听说过 MECE。所谓 MECE 简单解释就是——面对一个重大议题，能够做到不重叠、不遗漏地分类，发音读作"Me See"。在因式分解（建立逻辑树）的过程当中 MECE 也不失为一个重要的概念，占据着重要的位置。

即便如此，因为建立逻辑树时的分类方法不尽相同，所以人们对此并无定论。

毫无疑问，我们最终所要面临的课题或者瓶颈，就隐藏在对主题进行因式分解的枝叶当中。为此，在分类过程中一旦出现"遗漏"就会直接导致课题的丢失。换句话说，如果我们彻底贯彻了 MECE 的分类原则，无论采取哪种分类方法，最终都能够找到存在的课题。

例如，假设目标为"合理有效地利用时间"，为此首先要对全天的活动进行梳理。分类方法多种多样，既可以按照上、下午进行分类，也可以以三小时为单位进行分类。

可是，如果按照"公司"和"家庭"分类又会是怎样一种情形呢？

如果按照公司和家庭分类，既不属于公司又不属于家庭的时间段，比如"在途时间"以及"和同事外出聚餐时间"自然就会被遗漏。

然而随着分解层次的深入，如果每一次都要考虑 MECE，势必占用大量的时间与精力，给操作人员带来心理负担，从而使得因式分解难以进行。

为此我曾提出建议，只要在分解逻辑树顶端一层主题时彻底贯彻 MECE 原则即可。**因为如果这一层出现"遗漏"，接下来的各个层次都将失去对相关课题探讨的机会，从而使得计划阶段的精度大打折扣。**

无疑，面对 PDCA 的每一个环节，我们都应当以最大的智慧积极应对，但是也没有必要过于死板。因为即使出现遗漏，在验证阶段察觉之后还可以随时修正。

● 要领四　如果举棋不定，就按"流程"分解

专业书籍在解释破解难题的方法时，总是会强调逻辑树最初的切入点如何重要，本人则认为没有必要考虑得如此复杂。

最简单而且确实可行的方法，是按照事物的流程对事物进行分解。

例如，一位负责销售的推销员为了扩大销售额，利用电子邮件的方式向客户推销产品。这时他在逻辑树上的主题是——利用电子

邮件推销产品。

按照"利用电子邮件推销产品"的流程分解结果是：

准备资料 → 发送电子邮件 → 与客户约谈 → 吸引对方需求 → 提出方案 → 共同商讨 → 签约 → 重复订单

这便是将"利用电子邮件推销产品"这一主题，按照事物的流程进行所谓"不重叠、不遗漏"分解的结果。接下来只要将每一步骤继续因式分解即可。

如果我们按照流程将这一主题粗略地分解为"接触 → 交涉 → 跟踪"，但只要严格地遵循 MECE 的原则，在接下来的第三层分解时我们仍然可以导入"准备资料 → 发送电子邮件……"等一系列因素，结果依旧大同小异。

像这样，如果按照事物的流程分解你就会发现，原本被视作课题的部分，有时其实并不那么重要。

例如，在面对顾客推销产品的过程当中，原本将"说话声音有气无力"视作课题的推销员，将推销作业按照流程分解之后发现——与其说是因为自己说话声音有气无力，不如说问题出在事前没有做好充分的准备上。

再例如，饭店的老板发觉自己准备了丰盛的饭菜，却不见客人上门，并为此感到十分苦恼。在将顾客的行为按照流程分解之后，这位老板发现"美味佳肴"只是诸多课题之一，此外还有"待客态度""价格设定"以及"市场环境"等各种因素（不尽人意的课题）有待解决。

如果像本公司这样是一家经营网络服务的企业，就会经常因访客数量得不到增加而感到烦恼。这时，如果将问题按照提高访客数量的流程进行分解，便可以得到"通过 SEO 优化搜索引擎提高网站搜索排名顺序"，"通过 SNS 社交网络服务扩大影响力"以及"通过媒体和网络博客传播介绍"等各种不同的主题，并且可以因此找出需要解决的课题。

由此可见，能够给人以新的启迪，乃是按照事物流程分解的重要特点之一。

像这样，如果自己或者部下在选择课题、寻找解决方案时遇到麻烦，只要看一看平常的工作流程，一切问题就都会迎刃而解。

这时如果遇到的课题与日常工作相关，就一定能够得到圆满的答复。

正因为如此，我们才会说，按照事物流程将事物分解，简单而且切实可行。

如果面临的事物是一个全新的领域，或者自己对于事物的流程不甚了解，那么只好请教前辈，或者通过阅读有关书籍分享"分解经验"。

假设自己初次担任管理职务，对于团队管理毫无经验，这时就要向在管理职位上颇有经验的前辈请教。届时大家会提出许多意见，比如要设定一个目标，或者建议通过接触加深了解，更有人说要学会使用胡萝卜加大棒。可是无论怎样这些都是因子，汇聚在一起不过几大类型。

之所以这样说，是因为它们至少都是看似合理的假说。

从图书目录中汲取分解经验

如果还不知道应当如何分解，建议可以浏览一下图书目录。

假设有一天公司社长心血来潮，突然任命你为内容营销（Content marketing）的负责人，可你却根本不知道什么是内容营销。这时只要买几本相关书籍，翻开目录浏览之后便一目了然。

恰好我手头有一本关于内容营销的书籍，现将其中一部分目录摘录如下。

3-2 内容营销成功的五个步骤

1. 设定目标

2. 设计形象

3. 设计内容

4. 制作编辑日志并实际操作

5. 测定 KPI 指标

（选自《内容的力量》（中文繁体版书名）一书，宗像淳 著，日经 BP 社出版）

以上五个步骤，将内容营销的流程完美地展现在了你的面前。接下来再浏览几本其他作者所著书籍，便可以确定是否有遗漏。

在多数情况下，有关实用书籍的章节目录都是按照事物流程编写的。根据主题不同，还有一些书籍或者按照情节编写或者按照目的编写，但无疑都严格地遵循着 MECE 的原则，同样具有很高的参考价值。

顺便介绍一下，我在二十几岁时曾经转动无数个 PDCA 循环。其中，在转动改善睡眠质量的 PDCA 循环时，我首先来到书店，一下子买了近二十本相关书籍。我将它们的目录进行比较，找出看似合理的假说，根据假说挑选出一本通俗易懂的论著，便开始阅读。

就这样，一周前还对健康睡眠一无所知的我，现在却轻而易举地找到了问题的瓶颈。

● 要领五　简单课题按照"质 × 量"分解

前面说过，因式分解按照事物的流程分类，乃是最简单而且切实可行的分解方法。可是到了第二层、第三层，就不可能继续按照事物的流程分解。

到了第二层、第三层甚至更深层次，依旧按照 MECE 原则分类的窍门，便是按"质 × 量"的分解方法。

我一直认为，所有成果都可以用"质 × 量"加以诠释。物理学当中最初的定义"距离 = 速度 × 时间"同样可以解释为，"奔跑距离（成果）"是"奔跑能力（质）"与"奔跑时间（量）"乘积的结果。

通常所说的"营销能力""生产效率""利润收入"甚至"人才选用"等许多重大主题，如果按照"质 × 量"的分类方法分解，同样可以满足 MECE 的原则。

如下图所示，在野村证券任职期间，我就曾经利用按照事物流程以外的分类方法，对开发新客户的成果进行因式分解，并将分解出的因子全部纳入为实现目标所需解决的课题之中。

图 3-3 按"质 × 量"方式分解

新客户开发成果	量	自己的时间最大化	情绪管理	明确目的与目标
			时间管理	明确具体任务建立优先顺序
		有效利用自己以外的时间	手段工具	各类电子邮件
	质	投入	金融知识	金融知识
			金融以外的知识	政治 + 兴趣 + 历史 + 文化 + ……
		产出	PDCA	PDCA 循环速度、循环次数

"质 × 量"的分解方式需要积累大量因式分解的经验，否则无法得到高精度的结果。最初在分解小规模主题时，例如"直销信息反

馈率""验收精度""上级确认""外来成交率"之类的主题，熟练掌握"质 × 量"的分解方式，有助于迅速地找到问题的瓶颈。但是对于规模较大的主题，建议一开始还是按照事物流程的方式分解。

只是，尽管按照事物流程的方式分解，最终结果还是要归结到"质 × 量"的分解方式上，其中的"质"必然会表示为"率"的概念。

例如前面提到的"利用电子邮件推销产品"的流程，按照"质 × 量"的分解方式进一步分解后便得到图 3-4 的结果。

学会按照"质 × 量"的方式对事物进行分解，可以有效地防止为达成目标所设置的解决方案的失衡。

现实当中经常会出现这种现象，即在谈到事物的瓶颈时，人们总是会偏重"质"的方面，例如对"措施"或"技巧"等进行过多的因式分解，但是在"量"的方面，则认为只要花上一些时间自然可以达到目的，以至不再继续分解。

可是，正如上述我所经历的因式分解实例所显示的那样，按照"质 × 量"的方式对主题分解，"时间"又可以继续分解为"时间管理""情绪管理"和"手段工具"等各类因子。

也就是说，为了扩大与客户的联系，还必须培养时间管理的能力，设法保持高涨的情绪，积极利用各种辅助的商业软件工具，并争取得到同事们更多的帮助，以提高有限时间的使用效率。

图 3-4　利用电子邮件推销产品的"质 × 量"

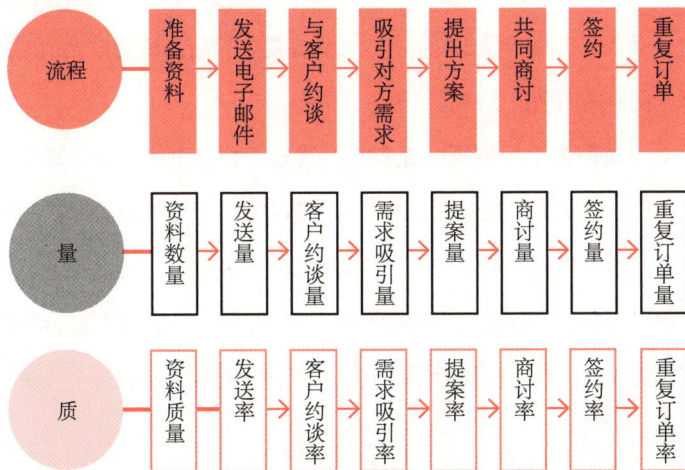

流程	准备资料	发送电子邮件	与客户约谈	吸引对方需求	提出方案	共同商讨	签约	重复订单
量	资料数量	发送量	客户约谈量	需求吸引量	提案量	商讨量	签约量	重复订单量
质	资料质量	发送率	客户约谈率	需求吸引率	提案率	商讨率	签约率	重复订单率

其中构成"时间"的因子，作为一般课题广泛地适用于各种领域，既适用于公司组织，也适用于一般个人。

从中长期角度来看，甚至可以认为那些构成时间的因子，在整个 PDCA 循环的优先顺序当中均占据极其重要的位置。

就我个人而言，在每一次因式分解时，课题最终无一例外地都归结在了"情绪管理""时间管理"与"手段工具"这三个因子上。正是这一原因，我被同事们称为时间管理狂、情绪鼓噪狂，甚至工具利用狂。

由此可见，如果习惯了 PDCA 的循环运转，自然也就掌握了这——一般性的技巧。

举一实例说明。

我从事证券推销员工作时，开发新客户的手段之一，便是面向众多潜在客户邮寄行业资料。因为我知道，广告宣传会被无情地抛弃，而有益的情报资料将会被永久保存。

当时因为上门推销四处奔波，我整天忙得不可开交，难免顾此失彼。老实说，为此我还瞒着营业部主任，私下将资料和产品目录分发给临时赶来的工作人员，请他们代为邮寄。这便是我考虑到"手段工具"（争取得到外援）与"时间管理"之间相互配合的最好实例（其中自然也包括平日与临时工作人员建立起良好个人关系的课题）。

● 要领六　力争所有内容都落实到文字上

现如今面对公司存在的各种问题，我已经不必每每特意进行因式分解，却仍然能够在较高精度的基础之上确定出某些领域潜在的课题。这无疑得益于我曾经做过大量因式分解，已经积累下了无数宝贵的经验。

那么，如何才能提高因式分解的水平，使之运用起来更加得心应手呢？

道理很简单，那就是力争把所有内容都落实为文字。

不论形式怎样，只要是脑子里想到的，就立刻简明扼要地写在纸上，仅此一举便可以带来一半的成果。简单的文字记录，可以使陷入无限轮回的思维得到解脱。

每当因式分解抽取课题陷入僵局时，我便取出一个笔记本，在上面写下一些新的设想。

为了携带方便，我特地选择了一个可以放在上衣口袋里的小笔记本（当时我使用的是一种叫作富兰克林牌子的小笔记本）。

按照个人习惯，我在做笔记时总会使用四种颜色的圆珠笔。我用黑色写下最初的想法，追加的部分改用红色、蓝色或者绿色。

我这样做的目的，并不是打算用颜色将前后思维分开，只是感觉每增加一个新的内容，自己的思路便随之加深了一步，从而使得思维过程变得更加富有乐趣。每当我因此而联想到新的因子或者分解方法时，便不由得一个人暗自庆幸。

此外由于使用了不同的颜色，我会很容易地发现之前在各种地方出现的疏忽，从而让我对自己的思维习惯有了一个更加准确的了解。

● 要领七　利用思维导图提升思维能力

当翻开笔记本却仍然感到摸不着头绪时，我就会使用思维导图。

众所周知，所谓思维导图，就像是逻辑树一样的无限集合。

如果说做笔记是为了得到新的发现，那么使用思维导图既是为了得到新的发现，同时又对思维进行了梳理。

对我来说，使用思维导图早已是习惯成自然的事情。无论是公司工作还是个人琐事，只要思维出现紊乱，我便急于使用思维导图对思维进行梳理，否则就会焦虑不安。我现在之所以能够对高效 PDCA 工作术运用自如，那也是因为有了思维导图的帮助，它让我学会了对所有事物进行严格分类。

我这里有一些自己二十几岁时留下的令人怀念的资料，拿出来供大家学习时参考。

思维导图的主题大小不一，下面介绍的是相对较大的主题——"季度总结"，用 PDCA 来说属于中循环。图中展开的所有要素，无一不是 PDCA 沉积的结果。本书原则上只介绍了 PDCA 小循环的一些基本内容，熟练掌握思维导图后，对中等规模的课题也能够做到驾轻就熟。

应用提示一：一堆纸不如一台手提电脑

下面我就思维导图的应用做一下具体说明。

或许有人习惯将思维导图绘制在白纸上，而我却是个坚定的数码派。

如果把思维导图绘制在纸上，有时集中精力思考问题，却因为没有书写空间导致思维被迫中断。既然要绘制在纸上，就会希望能将其设计得十分精美，这一点或许各位也有同感。

但是细想起来，既是梳理思路却又要事先设计好布局，这似乎让人有些无所适从。然而在数码世界，忘记了的东西一旦察觉随时可以添加上去，不会受到任何客观因素的限制。

顺便介绍，据说用白纸绘制思维导图，纸面不足就要开辟新的空间，把节点内容（要素）书写在另一张白纸上，并以此为中心继续展开。

与此相反，数码工具无须特地分割空间。无论层次如何扩展，只要使用带有关闭节点功能的软件，总可以让你随时掌握整个画面。

作为参考，目前使用的思维导图软件多为 XMind 公司出品的 XMind 软件（一款商业思维导图软件）。此软件可同时在 Windows 和 Mac 程序上运行，非常适合公司年轻职员使用。

应用提示二：暂时脱离 PDCA 框架的束缚

思维导图的基本目的，是对课题进行梳理。

将希望达成的主题目标置于中心位置，围绕主题填写可以想象到的所有因子，注意不能有任何"遗漏"。一旦确定主题目标，便开始在思维导图中尽可能详细地对目标进行分解。

图 3-5　有关季度总结的思维导图

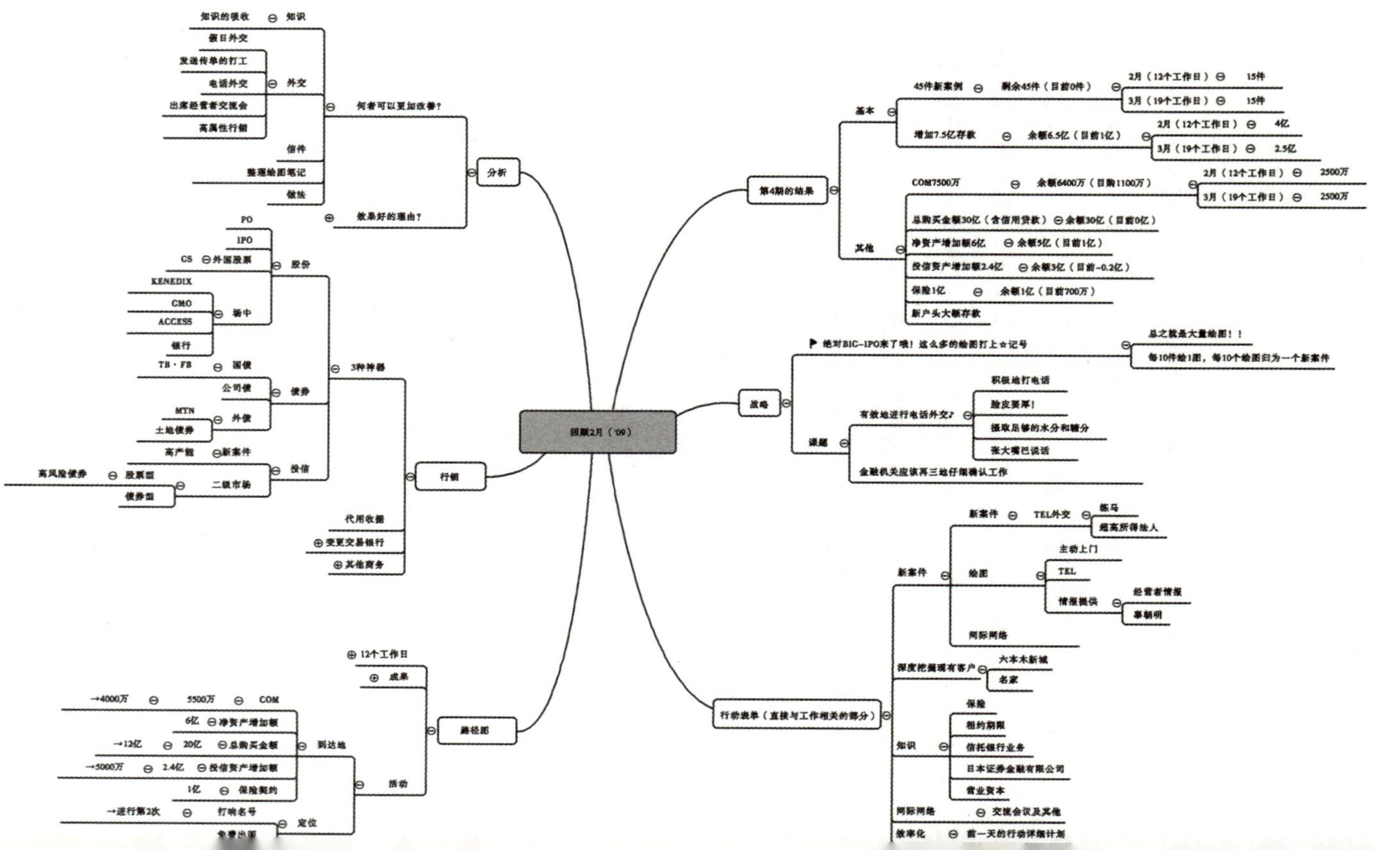

中心主题：**团购之月（'09）**

第4期的结果

基本
- 45件新案例 ⊖ 剩余49件（目前98件）
  - 2月（12个工作日）⊖ 13件
  - 3月（19个工作日）⊖ 15件
- 增加7亿元存款
  - 2月（12个工作日）⊖ 余额5.2亿
  - 3月（19个工作日）⊖ 4亿
- 余额640万（目前1100万）⊖ 2.5亿

其地
- COM7500万
- 出账买金额30亿（含信用联款）⊖ 余额30亿（目前亿）
- 冲算产增加额6亿 ⊖ 余额5亿（目前1亿）
- 获得资产增加额2.4亿 ⊖ 余额-0.2亿
- 保留1亿 ⊖ 余额700万
- 新户头大额存款

战略

▲ 绝对BIG-IPO推下来！这么多的数目到了上半记号

- 此之成大量结束！！卷10件地址进，每10个地居归为一个新案件

课题
- 有效地进行电话交叉？ ⊖ 积极进行电话
- 金融机关应该要三劳行销确认工作 ⊖ 没取店里的水分有难分 / 退皮果汁！ / 渠大增花说话

行价表单（直接与工作相关的部分）

- 新案件 / 旧案件
- 阿际网络
- 知识
  - 阿际网络 / 大体本新城
  - 创托银行业务 / 名定
  - 日本证券金融有限公司 / 募集发本
  - 旧际网络
  - 发单化 / 天地会议及其他 / 第一天的存付审计划
- 保养
  - 上门 / 依次处理每件客户⊖ 情报输供
  - 主做 / TEL / 博情输供
  - TEL/A外交 / 成高所借人
  - 驶马
- 新案件
  - 地图 / 经营者情报 / 表制明

分析

- 何者可以更加加强？
  - 架构的吸收 ⊖ 知识
    - 盲目外交
    - 交递负单的打工
    - 电话的外交
    - 出席经常交流会命
    - 高属性行销
  - 做件
    - 基础数据笔记
    - 锁地
- 效率好的理由？
  - 两风险保养
    - 废果组
    - 使劳型

行销

- 3种行销
  - 股份
    - PO / IPO
    - CS / 外汇原票
    - KENEDIX
    - CMO / ACCESS
  - 债券
    - 银行 / 新中
    - TB·FB / 国债
    - MTN / 公司债
    - 土地债券 / 外银
    - 房产券 / ⊖ 新案件
  - 投信
    - 二链市场
- 代用收据
- 其他贷务

最终篇

- 12个工作日 ⊖ 成本
  - ⊖4000万 / 550万 / COM
  - →12亿 / 6亿 / 冲算产增加额
  - →5500万 / 20亿 / 总取得金额
  - 1亿 / 2.4亿 / 获得资产增加额
  - 打听名号 / 保留剩切
  - 进付第2次 / 定位
- 房价
  - 再达地

对目标分解到一定程度，就要在上面填上对现状的反思、数字目标（KPI）、解决方案以及（下一阶段的）行动措施，并且进行不同程度的展开。这时，只要是脑子里可以想象得到的，都可以写在思维导图当中。思维导图既是因式分解的工具，同时也是PDCA的参考记录。

其中唯一应当注意的，是前面曾经提到过的"第一层次遵守MECE的原则"。在课题尚未建立之前，必须始终保持稳定的视线，一旦课题大致确定便可以对其进行深入挖掘。

应用提示三：争分夺秒，身体力行

记得第一次制作上面提到的季度总结思维导图时，我只顾埋头伏案，不知不觉半天时间竟然一晃而过。

接下来的推敲内容、调整设置同样花费了一些时间，最后我总算制作出一张完整的思维导图。在定期检查阶段，包括修改内容数据，每一次仍然需要花费两到四小时。

原则上，主题越大，制作思维导图花费的时间就越长，因而就越需要精神高度集中。理想状态应当是关闭所有网上链接，排除一切干扰，专心致志聚精会神。

每逢周末，我的可用时间通常不超过五小时。为此我的经验是，或者集中精力"两小时攻克难关"，或者有意识地将主题缩小，围绕一个具体题目绘制思维导图。

图 3-6   思维导图编制要领

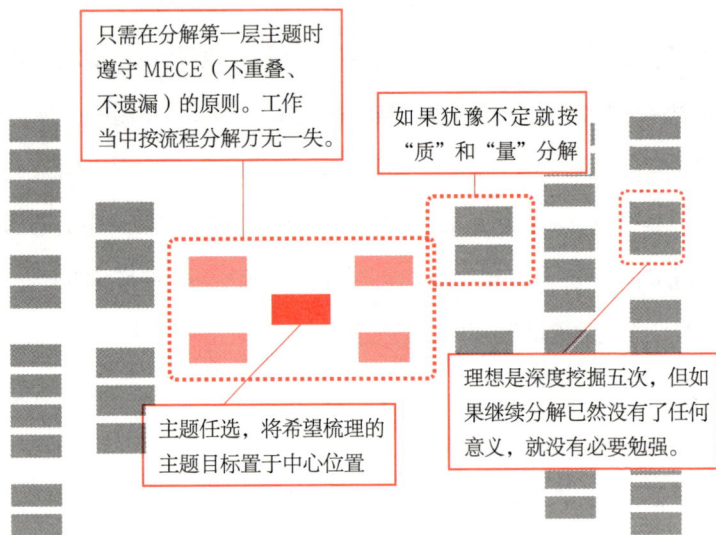

只需在分解第一层主题时遵守 MECE（不重叠、不遗漏）的原则。工作当中按流程分解万无一失。

如果犹豫不定就按"质"和"量"分解

主题任选，将希望梳理的主题目标置于中心位置

理想是深度挖掘五次，但如果继续分解已然没有了任何意义，就没有必要勉强。

应用提示四：想到问题随时分解

在利用因式分解展开主题之前，应当尽可能在思维导图中填入更多的内容（直到继续挖掘没有任何意义为止）。

这时无须介意位于中间位置的主题是否重要。想到的问题随时分解，重要的是大家对思维导图的积极参与。

随着思维能力的提高和经验的不断积累，在接触思维导图半年之后，绘制一张思维导图所需时间可以降至 80%，一年以后便可以降至 50%。

应用提示五：保持强烈的好奇心

我自以为有一套保持高涨的工作热情的独特方法。每当制作起思维导图时，我总是希望把背景的颜色、线条的轮廓以及图框的形状勾勒得绘声绘色，就像小学生喜欢在笔记本上贴满可爱的贴画一样。

这种事情看起来毫无意义，但是当我打开电脑，屏幕上出现画面时，那华丽的色彩让我感到心潮澎湃。

这与使用四色圆珠笔做笔记的感觉如出一辙。

4.

第四章

实施阶段初级篇：
坚韧不拔的
"行动力"

● 解决方案与"行动措施"（DO）和"具体任务"（TODO）的区别

所谓实施阶段，从公司角度来说就是将解决方案落实到日常工作当中，从团队角度来说就是把任务分配给团队的每一位成员，其中包括制订行动日程以及按照行动日程具体实施，这样说起来似乎显得更加容易理解。

在实际讲解之前，让我们先来就一些容易混淆的专业用语进行整理。

在实施阶段，我们首先应当考虑的，是为了落实计划阶段制订的解决方案（课题解决的基本方向）所需要采取的行动措施。

本书将这一行动措施称为**"DO"**。

例如，将"加深理解公司经营数据"这一解决方案进一步落实，就有了"阅读有关簿记书籍"的行动措施。

可是，仅仅停留在"DO"的行动措施上，还不等于采取了具体的行动。

　为此，还必须将"DO"的行动措施落实为具体任务，并且为此制订出行动日程。我们将这一具体任务称为**"TODO"**，其中的内容大致包括"立即去站前书店购买三本簿记书籍"，以及"争取一周之内全部通读"等。

　由此可见，分解解决方案的结果是DO(行动措施)，分解DO(行动措施)的结果是TODO（具体任务），每分解一次，条目的数量都会有所增加。

　之所以要将行动措施分为"DO"和"TODO"两个部分，是因为，如果仅仅停留在"DO"的措施阶段，多数情况下很难保证计划措施的具体落实。

　简单而且容易实施的行动措施（DO），或者紧迫性较高的行动措施（DO）也许能够得到迅速落实。但是那些费时费力的行动措施（DO），或者紧迫性较低的行动措施（DO），因为看起来难以着手实施，从而极易流于形式。如果把它们强迫分成两个部分，在实施过程当中系统会经常提醒你——措施已经确定，但仍未具体实施。

　下面在分步骤说明之前，先来介绍几例 PDCA 循环在这个阶段受挫的实际案例。

无法实施案例之一　计划本身流产

第一个案例是，计划本身趋于流产。

由计划导致失败的原因可以考虑有以下三种情形。

·**原本无计划——走一步看一步，到时候总会有办法应对。**

·**计划粗糙——提出了课题，却没有考虑解决方案。**

·**计划荒唐——课题和解决方案都很明确，但是根本无法实现。**

第一种情形"原本无计划"，这在许多工作场所会经常出现。

例如，公司社长心血来潮，突然宣布启动一项新的事业。董事会上，董事成员们都觉得反正自己不负责具体实施，于是在毫无计划的情况之下把球踢给了执行团队。说起来，这就好比接力赛跑当中，第一棒选手没有把接力棒传递到第二棒选手的手中，第二棒选手在没有拿到接力棒的情况下无法继续比赛，于是转身回到了起跑线（计划阶段）打算找回接力棒。这时，正好遇上董事会成员们在大发雷霆，指责团队成员——社长已经发出指示，为什么还不赶快采取行动？无奈之下，团队成员只好走一步看一步，在看不到所面临的课题并且毫无解决方案的情况下，摸索着前行。

另一方面，即使董事会为此制订了行动计划，但执行起来明显人手不足，向上级反映情况后却遭到了严厉斥责，被声称人手问题是执行团队需要考虑的事情，无奈团队成员只好望洋兴叹，这便是第三种情形"计划荒唐"的例子。

个人运转 PDCA 循环，经常会出现第二种情形"计划粗糙"。

其中典型的例子，莫过于阅读书籍。

阅读商务书籍很有刺激性。受此启发，人们有时会有所感悟，觉得其中的内容也可以作为自己的课题。但是感悟归感悟，其中百分之九十的人合上书以后却拿不出具体的解决方案。

无法实施案例之二　未能落实到具体任务

计划做得很周全，却没有将计划详细划分，更没有制订出具体的行动日程，并将其落实到团队或者个人的工作当中。这必然导致责任不清，计划无法实施，而时间却在无情地流逝。

所谓的"一步之遥"，可迈出这一步却是如此艰难。

人们所说的"有计划无行动"，讲的就是这个道理。

现实当中，此种案例在那些主张权力下放的上级所领导的团队当中经常可以见到。下面就是一段经常可以听到的对话。

上级："这项工作需要注意的问题就是这些。此次任务，建议由你一个人去完成！"

部下："哦，多谢上级领导的信任！任务很明确，请您不必担心。"

（一周以后）

上级："喂，工作完成得怎么样了？"

部下："嗯，我不知道怎么办，正在发愁呢……"

在旁人看来，这位上级似乎对部下很信任，两个人的关系似乎"非常融洽"。但是，这位上级和这位部下却犯了同一个错误，他们都以为——只要制订出计划，立刻便可以付诸行动。

老实说我也曾经犯过同样的错误。我已经成了 PDCA 的魔鬼，自以为这点事情部下自然会考虑周全，却不知事与愿违，结果令我大失所望。

权力下放的确能够激发出部下的潜在能力，短时期内可以调动起部下的工作热情，但是如果使用不当，就会给部下带来巨大的压力，结果反而对情绪造成损伤。

作为上级领导，要想提高工作效率，切记不可"草率行事"。在这种情况下，上级领导必须对部下的"应对能力"做出准确的判断，根据部下的水平耐心引导，使其逐步走上 PDCA 的正确轨道。

这其中尤其不能忽视的，是那些优先程度较高的解决方案。

目前为止我们还没有遇到过优先程度较高的解决方案。这其中或许也有原因，因为它的复杂程度远超出你的想象。或许正是这一原因，前任领导对于这一类方案才敬而远之。这种情况下要想使计划顺利实施，上级领导就要助部下一臂之力。

反之，如果上级领导事事都要插手，同样会对部下的工作热情造成伤害，也未必能够带来好的结果。

无法实施案例之三　唯恐结果失败

一旦制订好计划，有些人却又因为"信息量不足""思想准备不充分"或者"风险难以预测"等一系列理由，对假说失去了信心，以致裹足不前。

如果就此终止计划，或许也是出于无奈。可偏偏有些人就是那么优柔寡断，嘴上说着"好为难，不如干脆放弃……"，心里却是犹豫不决。

本公司始终贯彻"行动优先"的理念，并将其作为一种企业文化。

这种理念源于"实践出真知"的思想。

这一思想的基础，便是"假说思维"。

世上本无绝对的真理，唯有设立假说，并且在实践当中接受检验。有些事情说不清道不明，为澄清事实收集信息往往需要很长时间，而且收效甚微。

勇于尝试，敢于失败，这就是所谓"行动优先"的理念。因为有了失败，才使得假说的精度不断提高。相反，假说因修正而存在，因为有了修正环节才使得假说有了保障。

举一个例子，每次制作展示资料，我总是会从目录开始做起。

知识不足，却不妨碍设立假说。列好目录后，我会去书店买回几本参考书籍，选择重点阅读一些有用的知识，收集信息以充实自己的内容。在这一过程当中，我会随时对所设立的假说进行细微的调整（因为增加了新的知识，所以更多的是完善和补充）。

凡事谨小慎微的人制作相同的资料，或许会从收集信息开始做起。

读上几本书，上网查询一番，还要当面向人请教。这样做的确可以大大提高假说的精度，还可以消除后续的烦恼。

但是，如果做任何事情都要步步为营，办事效率永远也不可能得到提高。

● 步骤一   将解决方案转换为行动措施"DO"

实施阶段共分为五个步骤，以下就实际步骤逐一进行说明。

首先，要根据计划阶段提出的解决方案，制订出切实可行的行动措施"DO"。关于行动措施"DO"，可以考虑有各种不同的类型。

具体的解决方案与抽象的解决方案

如果解决方案比较抽象，可以考虑的行动措施"DO"的数量会有所增加。这种情况属于正常，不存在任何问题。

　　另一方面，如果在计划阶段就出现了许多具体的意见，这种情况下，有些解决方案早就已经落实到了行动措施"DO"当中。

　　如果解决方案已经落实到了行动措施"DO"当中，就可以在行动措施中直接沿用解决方案的内容。但是为了履行程序，最好还是要再考虑一下有无其他更好的行动措施（DO）。

图 4-1　行动措施"DO"的落实内容

经销篇

解决方案	行动措施"DO"
在同事面前模拟展示，听取对方的反响	请同事 A 予以协助（终了型）
	请同事 B 予以协助（终了型）
能够移交的工作尽量交给助手完成	经上司批准后移交（终了型）
	定期对工作进行总结（持续型）
练习微笑待客	参加培训班（终了型）
	寻找动画教材（终了型）
	经常注意保持微笑（持续型）
阅读并探讨经销术	去书店买书（终了型）
	在 Kindle 上寻找相关书籍（终了型）
	向前辈借阅书籍（终了型）
	共阅读十册（终了型）
	每周阅读两册（持续型）

英语篇

解决方案	行动措施 "DO"
反复解读较长英文句子的问题	购买以往的长句练习册（终了型）
	反复练习直到取得好分数（持续型）
坚持每天听录音教材	寻找录音教材（终了型）
	上班途中听录音（持续型）
	在家坚持听录音（持续型）
上网接受英语一对一指导	寻找夜校并签订合同（终了型）
	每周上一次课（持续型）
	每周上三次课（持续型）
买一本单词册拼命背单词	选择购买单词册（终了型）
	睡觉之前一小时背单词（持续型）
	每天至少背诵五页单词（持续型）

抽象的解决方案会出现复数个行动措施 "DO"

解决方案：必须努力增强体质。

行动措施 "DO"：去健身房。

行动措施 "DO"：开始早锻炼。

行动措施 "DO"：保持饮食均衡。

行动措施 "DO"：阅读二十本健身书籍。

行动措施 "DO"：聘请私人教练。

具体的解决方案与行动措施"DO"内容重叠

解决方案：应当聘用区块链（BlockChain 比特币交易的网上平台）专家。

行动措施"DO"：聘用区块链的专家。

终了型行动措施"DO"与持续型行动措施"DO"

例如，在目标是提高个人技能的解决方案当中，"参加一次研讨会"属于终了型行动措施，而"每天训练十分钟"则属于持续型行动措施。此外，例如"与晚辈和睦相处"以及"说话口齿清晰，声音洪亮"等定性的行动措施"DO"，通常在达成 KPI 指标之前需要连续不断地反复实践，因此也属于持续型行动措施。

必须指出，多数情况下对于某一个特定的解决方案，既有可能存在终了型行动措施"DO"，也有可能存在持续型行动措施"DO"。

终了型行动措施"DO"和持续型行动措施"DO"同时存在

解决方案：必须与客户加深沟通。

行动措施"DO"：每两个月与客户聚餐一次（持续型）。

行动措施"DO"：会谈前后争取更多时间与客户交流（持续型）。

行动措施"DO"：尝试邀请客户打一次高尔夫球（终了型）。

● 步骤二　将行动措施"DO"排列出优先顺序，确定重点

接下来，将要为不断膨胀的行动措施"DO"瘦身。

对于一个解决方案，至少应当有一个行动措施与其相对应。如果相对应的解决方案只有一个行动措施"DO"，则没有选择的余地。另一方面，尽管存在着复数个行动措施"DO"，但是对于那些非它莫属，即"不执行完这一措施其他措施无法进行"的行动措施"DO"，同样也没有选择的余地（诸如报考资格证书时的"购买参考书籍"这一类行动措施"DO"）。

除此之外，如果一个解决方案存在着复数个行动措施的选项，就要根据"整体效果""所需时间"以及"轻松参与"的指标排列出优先顺序，以确定出重点行动措施。

这个时候所需的时间，终了型行动措施"DO"可以根据实际活动的延续时间做出概算；持续型行动措施"DO"，则因为在达成成果之前时间不确定，为此可以忽略不计。

图 4-2 重点行动措施"DO"

经销篇

		整体效果	所需时间	轻松参与	优先度
在同事面前模拟展示，听取对方的反响	请同事 A 予以协助	A	两小时	A	
	~~请同事 B 予以协助~~	~~A~~	~~两小时~~	~~B~~	
能够移交的工作尽量交给助手完成	经上司批准后移交	无条件选择			
	定期对工作进行总结	A	–	A	
练习微笑待客	~~参加培训班~~	~~A~~	~~四小时~~	~~C~~	~~B~~
	寻找动画教材	B	一小时	A	A
	经常注意保持微笑	A	–	A	A
阅读并探讨经销术	去书店买书	A	两小时	A	A
	~~在 Kindle 上寻找相关书籍~~	~~A~~	~~一小时~~	~~B~~	~~B~~
	~~向前辈借阅书籍~~	~~B~~	~~48 小时~~	~~C~~	~~C~~
	~~共阅读十册~~	~~A~~	~~20 小时~~	~~C~~	~~B~~
	每周阅读两册	A	–	A	A

图 4-3　重点行动措施"DO"

英语篇

		整体效果	所需时间	轻松参与	优先度
反复解读较长英文句子的问题	购买以往的长句练习册	无条件选择			
	反复练习直到取得好分数	A	–	A	A
坚持每天听教材录音	寻找录音教材		无条件选择		
	上班途中听录音	B	–	A	A
	~~在家坚持听录音~~	~~A~~		~~C~~	~~B~~
上网接受英语一对一指导	寻找夜校并签订合同	无条件选择			
	每周上一次课	B	–	A	A
	~~每周上三次课~~	~~A~~		~~C~~	~~B~~
买一本单词册拼命背单词	选择购买单词册	无条件选择			
	~~睡觉之前一小时背单词~~	~~A~~		~~C~~	~~B~~
	每天至少背诵五页单词	A	–	A	A

●步骤三 行动措施"DO"的量化（设定"KDI"）

与计划阶段将所有课题按照 KPI 指标进行量化一样，在实施阶段同样需要将行动措施"DO"定量化。

其中使用的指标，我们称之为 **KDI（Key Do Indicator）**。

简单地说，这是一个表示"已经将若干个计划付诸实施"的指标。KDI 是我个人创造的语言，以示与 KPI 相区别。

KDI 是在验证阶段，对解决方案是否按照计划顺利展开进行客观评价的指标。如果实施阶段每周验证一次，KDI 也应当按照这一周期对解决方案展开结果做出客观评价，这一点显得尤其重要。

举例说明，假设行动措施"DO"为阅读一本长达一千页的巨著。这时，无论把 KDI 指标设定为"0"或"1"表示"读完"或"未读"，还是用整体目标的达成率表示"读完了多少页"，在每周一次的验证期间，都无法准确地表示出"本周的目标"是否已经达成。

像这样，面对规模较大的目标，就必须制订出较为详细的行动计划，例如"每周阅读两百页"，同时在每周一次的验证期间，对这一指标的达成率进行确认，并随时进行调整。

这种按照验证周期细分的目标，本公司称之为**"周期行动目标"**，它不仅适用于 KDI 指标，同时也适用于 KPI 指标。

设定 KDI 指标的目的

也许有人会说："KPI 指标也设定了，行动措施'DO'也制订了，还不能付诸行动吗？"

这里，先要说一说为什么要设定 KDI 指标。

其中的原因就在于，课题量化的结果（KPI）不容易被实际掌控。

例如，即使设定了销售额目标 KPI 指数，但有时存在着诸多不可预测的外界因素；百分之百的行动不一定带来百分之百的结果；而且多数情况下，行动与结果之间在时间上往往会出现一定程度的滞后。

另一方面，行动是否得到落实，或者说行动能否得到落实却比较容易掌控。尽管有些情况下行动的成果无法完全地反映在 KPI 指标上，但毕竟如果没有具体行动，KPI 指标也不可能发生任何变化。为了确认是否采取了切实的行动，使用 KDI 指标将行动可视化并随时进行验证，就显得尤其重要。

KDI 的量化方法，在终了型行动措施"DO"与持续型行动措施"DO"这两种情况下会有所不同，下面分别予以说明。

1. 终了型行动措施 "DO" 的 KDI 指标量化

在终了型行动措施 "DO" 的情况下，KDI 比较容易量化。例如，制订规划时的 "多少本书"，或者电话预约时的 "多少个客户" 等，只需将结果落实在数字上即可。

具体的量化方法，如上所述，除了在行动措施 "DO" 当中设定出最终想要达成的数值目标以外，还要根据验证周期计算出 "周期行动目标" 的量化数值（原则上先要确定什么时间达成，然后只需计算出达成率即可）。

行动措施 "DO"：阅读二十本健身书籍……阅读二十本（周期行动目标：每周阅读两册）。

行动措施 "DO"：聘请私人教练……（一人）签订合同。

行动措施 "DO"：聘用区块链专家……（一人）聘用。

行动措施 "DO"：尝试邀请客户打一次高尔夫球……（一次）邀请。

图 4-4　KDI 指标

经销篇

	行动措施"DO"	KDI 指标
在同事面前模拟展示，听取对方的反响	请同事 A 予以协助	（一次）是否进行了模拟展示？
能够移交的工作尽量交给助手完成	经上司批准后移交	（一次）是否经过上司批准并顺利移交？
	定期对工作进行总结	三个月总结一次，工作移交率 100%
练习微笑待客	寻找动画教材	（一次）是否找到可参考的动画教材？
	经常注意保持微笑	周期行动目标达成率 80%
阅读并探讨经销术	去书店买书	（一次）是否买到手？
	每周阅读两册	周期行动目标达成率 100%

英语篇

	行动措施"DO"	KDI 指标
反复解读较长英文句子的问题	购买以往的长句练习册	（一次）是否买到手？
	反复练习直到取得好分数	周期行动目标达成率 80%
坚持每天听录音教材	寻找录音教材	（一次）是否已经下载？
	上班途中听录音	周期行动目标达成率 70%
上网接受英语一对一指导	寻找夜校并签订合同	（一次）签订合同
	每周上一次课	周期行动目标达成率 100%
买一本单词册拼命背单词	选择购买单词册	（一次）是否买到手？
	每天至少背诵五页单词	周期行动目标达成率 100%

2. 持续型行动措施"DO"的 KDI 指标量化

持续型行动措施"DO"能够更有效地根据"周期行动目标"进行追踪。

例如，假设从事服务行业人员的行动措施"DO"为"面对顾客大声问候"。对此制订出了量化指标，却又无法每次都将"是否面对顾客大声问候"做出记录。这时最好的方法是实施所谓的"吾日三省"，本人就"今天是否面对顾客大声问候"为自己评分，然后以每周为单位计算出平均值，并观察变化情况。

为此，我们经常用到的是一张**"持续改进记录表"**。

有关"持续改进记录表"的具体内容，将在第八章详细说明。这张记录表就好比是一张意见调查表，尽管表里的内容显得略为粗糙，但是对于持续型行动措施"DO"的评价，却不失为一个切实可行的方法。按照上面的例子，**对于那些是否付诸实施仅凭感觉评价的事项，只要对当天的结果做一个回顾总结，便可以通过此表得到较为公正的把握。**

对于每一天（每一次）都要实施的行动措施"DO"，以及本身就已经包含了"周期行动目标"的行动措施"DO"，只需要单纯地对其实施结果进行反复的确认。但是对于诸如"去健身房"那样，并非每天都要实施的行动措施"DO"，就应当在此制订出"周期行动目标"，并对实施结果计算出行动措施"DO"的达成率。

● 步骤四　将行动措施"DO"落实为具体任务"TODO"

　　我曾经不止一次地指出，以下所讲，或许是 PDCA 中存在的一个典型的陷阱。通常，人们确定了自己"需要做什么"后，在并未落实到具体任务之前，便将其停留在了行动措施"DO"的阶段。所谓具体任务，是指对行动措施的具体描述，它更能让人知道"应当怎样去做"。**把行动措施"DO"落实为具体任务"TODO"，就是将行动措施分解，这样实施起来不至于迷失方向**。其中首要的一点，便是设定具体任务的日期期限。以往正是因为没有设定日期期限，行动措施"DO"才时常被搁置。以下举例说明。

行动措施"DO"

　　每两个月与客户聚餐一次。

具体任务"TODO"

　　（今天）发邮件确认对方日程。

　　（确定日期后）上网物色餐馆。

（确定日期后）电话预约餐桌。

（确定日期后）锁定自己的日程。

（预约后）发邮件通知对方安排。

（预约后）向上级汇报请客计划。

另一个是否将行动措施"DO"落实到具体任务"TODO"的佐证，便是是否将日程记录在了笔记本当中。

其中唯一的例外，便是行动措施"DO"既是持续型又是定性的内容（例如，讲话时速度过快）。遇到这种情况，就更应当发挥"持续改进记录表"的巨大威力。

个人运行的 PDCA 循环，只要做到以上几点，便实现了行动措施"DO"向具体任务"TODO"的转换。

如果是一个团队运转 PDCA 循环，还必须将每一项具体任务"TODO"分别下达至每一位团队成员。为了不使团队成员在执行过程中产生疑惑或误解，最好利用人们常说的 6W3H，以确保万无一失。

·WHO（谁）

·WHOM（对谁）

·WHEN（何时）

·WHERE（何地）

- WHAT（做什么）
- WHY（为什么）
- HOW（怎样）
- HOW MANY（多少个）
- HOW MUCH（多大程度）

　　将行动措施"DO"分解为具体任务"TODO"，让人不再有辩解的余地，让人无法不履行自己的职责，在显示实干能力方面实在是妙不可言。

图 4-5　具体任务"TODO"实例

经销篇

行动措施"DO"	具体任务"TODO"
请同事 A 予以协助	今日征求对方意见 / 一周以内实施
经上司批准后移交	现在立刻向上司确认 / 本周内移交
定期对工作进行总结	三个月之后的同一天实施
寻找动画教材	今天晚饭后上网寻找
经常注意保持微笑	写入持续改进记录表中
去书店买书	本周内去站前书店购买
每周阅读两册	写入持续改进记录表中

英语篇

行动措施"DO"	具体任务"TODO"
购买以往的长句练习册	现在立即向亚马逊订货
反复练习直到取得好分数	写入持续改进记录表中
寻找录音教材	三天以内做出选择并下载
上班途中听录音	写入持续改进记录表中
寻找夜校并签订合同	一周以内做出选择并签约
每周上一次课	写入持续改进记录表中
选择购买单词册	今天回家路上去书店购买
每天至少背诵五页单词	写入持续改进记录表中

● 步骤五　确认落实的同时逐步推进具体任务

确定了具体任务"TODO"之后，接下来便是贯彻落实。其中还有一个重要的问题需要注意。

即 KDI 指标的完成情况可以在以后的验证阶段得到确认，而对具体任务"TODO"落实情况的确认则必须在实施阶段进行。

有些学员可能会对此产生疑问，认为实施阶段结束后自然进入验证阶段，到那时再确认也不迟，为此有必要简单地进行说明。

本书在引入 PDCA 循环时曾经说过，所谓 PDCA 循环实际上就是计划实施的循环。这便是本节步骤五所要说明的内容。

在整个计划实施的循环当中，唯独与循环本身在时间点上相互脱节的便是验证过程。对个人来说，验证过程是指每周一次的回顾总结；从公司角度来看，验证过程就相当于计划实施的确认会议。

原本验证阶段理应对 KPI 以及 KDI 等指标进行确认。在落实具体任务"TODO"时，遇到重大问题也需要在验证阶段寻找解决方案。但是，如果在落实具体任务时，每当出现故障便将问题保留到下一阶段的验证会议，势必在时间上造成巨大损失。

为了提高实施环节的运转速度，有必要在实施阶段对具体任务"TODO"的落实情况进行实时监控。具体地说，每天至少确认一次落实情况，理想状态是每天确认数次。例如，早上开始工作前应当准备好当天具体任务"TODO"的任务单；白天随时对"任务进展情况"进行核实，如果进度缓慢就应设法提高速度；对于持续型具体任务"TODO"，则应当按照"持续改进记录表"确认每一天的达成率。

通常情况下，及时确认具体任务"TODO"的落实情况，或多或少会使工作效率有所提高，有时利用午休时间稍加思考便可以取得很好的效果。如果把验证阶段看成马拉松比赛时对照"马拉松成绩配速表"进行确认，那么对具体任务"TODO"的确认，便是对运动姿态的细微调整。

至此，我们从计划阶段开始，一路过关斩将，最终引导出具体任务"TODO"，这一结果让我们备受鼓舞。纵观整个过程仿佛一场挑战极限的真人秀。

然而不论是具体任务"TODO"还是"真人秀"，我们所迈出的每一步都要脚踏实地。**我们的目标明确，行动果断，这更激发每个人的热情，让我们的事业不断迈向新的高度。**

但凡对工作不思进取的人，皆因付出的辛苦没有得到应有的回报。金钱的回报只是一个方面，重要的是能否实现自我价值。类似打零工那样单纯的行动"TODO"，就好比在网络游戏中推倒了史莱姆，得到的经验收获微乎其微，无法让人享受到工作的乐趣。有理想的公司职员，如何能够容忍自己的每一天得过且过？坚持PDCA 循环，你会感到自己的每一个行动都意义非凡，每一天都充实。

● 具体任务"TODO"的管理窍门

随着具体任务"TODO"的不断增加，对于具体任务的管理也成了一项重要的工作。

有时具体任务"TODO"的项目繁多，很容易被人忘记。从计划阶段开始几经周折建立起来的具体任务"TODO"，如果被遗忘将是莫大的遗憾。

为此，下面介绍一些有关具体任务"TODO"管理的有效方法。

具体任务"TODO"管理软件

关于具体任务"TODO"的日常管理方法，以往只是简单地将其记录在笔记本上，如今则更多地被具体任务"TODO"的管理软件取代。

目前使用得较为广泛的具体任务"TODO"管理软件，是被称为"TODOIST"的服务软件。

其中包括电脑版和手机版，并且可以同步操作。

软件操作十分简单，只要在上面填写具体任务"TODO"和日期，按照项目类别用不同文件夹区分即可。期末未达成的项目还可以重新设定日期（顺便说一下，为了避免骚扰最好关闭自动提示功能。此管理软件可与谷歌日历同步，但因为并无益处本人并未使用）。

该软件可以对具体任务"TODO"进行整理或修改，使用起来极为方便。

除此之外，我还将整理好的具体任务"TODO"资料打印出来，缩小拷贝后夹在手机外壳的内侧，以利在空闲时间随时对其中的内容进行检查。这一做法虽然单调，却可以随时思考每一项具体任务的优先顺序，显得十分必要。需要注意的是，此时是在同时打开复数个正在运转的 PDCA 循环，对它们进行全方位的比较，择优排列出最新的优先顺序，因此也就显得十分重要。

这项工作也可以在电脑或手机的屏幕上完成，但电脑或手机经常会受到电子邮件以及微信通知的干扰，为此我特地采用了纸质媒介。

具体任务"TODO"的共享

"TODOIST"软件的最大功能，是按照项目类别以文件夹为单位实现具体任务"TODO"的共享。利用 Tag 标签将不同部门的不同项目制作成多个文件夹，通过邀请对方加入的形式召开视频会议，所有人都可以在文件上补充修改，会议结束的同时便形成会议记录，从而实现成员之间的资料共享。

充分发挥便条的作用

有时工作忙起来，具体任务"TODO"的存在会被全然忘在了脑后。无论是云服务还是笔记本，美中不足的是——你不把它打开，它便无法进入你的视野当中。

在这方面，以往常用的便条在现代科技的浪潮当中依旧发挥着巨大的作用，成为具体任务"TODO"管理中不可缺少的工具。

PDCA 循环能否得以顺利运转，在某种程度上还取决于人的主观意愿。当你的视线从电脑屏幕移开的那一瞬间；当你起身离开再次回到座位的那一瞬间；当你接听完电话将听筒放回原位的那一瞬间，此时此刻如果在目光所及之处大大地贴上一张便条，看到它就会重新唤起你失去的记忆。

● 警惕"人"身上潜在的风险

运转实施循环的同时，也必然会遇到各种障碍。预先察知并且排除这些障碍，成为迅速达成并锁定目标必不可少的条件。为此，正如第三章所讲述的那样，通过因式分解有效地提高假说的精度，力争对未来可能出现的风险或课题做出准确的预测就显得尤其重要。

例如，假设某推销员为了实现自己的销售目标，将自己的课题确定为——开发新客户。但是此时他却没有设想到另一个新的课题——以往的老客户会爆发不满——可能随之出现。正如因式分解一章所阐述的那样，如果在提出课题时将某一特定课题遗漏，最坏的结果可能导致——问题严重出现，自己却被蒙在鼓里。那时一旦出现问题，解决起来就要付出更大的力气，远不止"开发新客户"那么简单。这样看来，原本"对当前客户的细心呵护"或许更应当成为首要的课题。

设想到各种风险，绝非计划阶段一朝一夕的事情。

制订行动措施，展开具体任务，甚至在调整阶段提出改进方案时，也都必须考虑到各种可能的因素，以防范出现新的风险。

根据以往的经验，人们对于可能导致直接损失的经济风险显得较为敏感，但是对于"人"本身存在的风险却总是显得比较迟钝。严格地说，这是一种与"人的情感"相关的风险。

——原本事情进展顺利，可是没有得到汇报的上司却大发雷霆。

——合同签订之前我都曾经参与，对方负责人似乎有些不太满意。

——本来觉得这次一定能通过，没想到竟然有人反对。

——原以为他很有希望一直被重点培养，万万没有想到他精神受到打击提出辞职。

这些都是公司里常有的情景。它们的共同之处是，无一不出自以我为中心的个人主义观念。为了有效地预防"情感风险"，最好的办法是加强人与人之间的相互沟通。

经常有一些年轻的公司职员，平日不注意汇报工作，最后只向上级或者客户交代一个结论，结果遭到上级领导的怒斥，不得不重新调整计划。如果事先设想到存在的风险，有意识地加强上下级之间的相互沟通，或许能够有效地避免此类事件的发生。

也许有人会说，没有能够及时沟通自然有其道理。可究其原因，多数情况下不外乎"汇报了也难免挨训""瞧他那趾高气扬的样子让人无法接近"之类的怨言。

在我看来，越是不好对付的人，就越有可能存在着情感方面的风险，也就越是应当积极地展开对话。

有时即使存在着风险，但是如果该风险程度较低，带来的伤害在允许范围之内，就没有必要特意将其列为有待解决的课题（没有必要为其设定 KPI 指标，也没有必要考虑解决方案）。这时，只需要考虑万一出了问题应当如何应对。就是说，将其定为"预置风险"，以保证随时可以做出迅速的反应。

● 自我对话，促进 PDCA 循环

二十几岁时我经常有意识地做一件事情——自我对话。那时，我就自己设定的目标与自己展开对话。

最初，我还把它记录在"持续改进记录表"当中，后来由于每天都在做同一件事情，慢慢地习惯成为自然。

自我对话的目的，与上面谈到的便条的例子大致相同。为了让自己所设定的目标、KPI 指标以及 KDI 指标牢牢地扎根头脑当中，我也曾利用手机的提示功能，一天三次提醒自己大声展开自我对话。

工作忙得不可开交时，我也会无视电话提示的存在，于是自我对话从一天三次变成两次，两次变成一次。即便如此，通过自我对话还是大大地激发了自己对工作的热情。

自我对话的内容，可以是自己的目标，也可以是 KDI 指标，但最理想的应当是 KPI 指标。

例如，大声地对自己说——今年目标开发优良客户100家！于是脑子里开始倒计算——全年开发100家客户，即每月需要开发10家，本周就要开发两至三家。为此至少需要找到30家潜在客户，也就是说今天一天必须找到6家以上潜在客户。其结果，最终目标被分解成了行动措施"DO"和指标KDI，完成了整个分解过程。在此基础上，反过来重新审视KPI指标之前各个阶段相互之间的关系，却另有一番意义。

工作当中出现差错；为跑客户烈日炎炎下四处奔波；有时还要被上司甚至客户训斥；每当情绪低落也曾有过"撒手不干"的念头，对此或许很多人也都有过切身体验。

遇到这种情况，就更需要增强意识提高干劲，而立足于加快实施环节的自我对话，会让你的精神重新感到振奋。

● "大胆取舍"，切忌"贪大求全"

制订出计划就应当按照计划实施。但是人的欲望永无止境，一旦写起行动措施"DO"或者具体任务"TODO"，便像是内心燃烧起了希望的火花，以至于奋笔疾书，下笔千言。

同样道理，很多人在执行具体任务之前总是显得情绪激动。其中一个典型的例子，便是在大学入学考试之前拼命地购买参考书籍。

但是，如果无限制地为自己设置出许多具体任务"TODO"却又无法实施，最终只能让你大失所望。

这样做最终可能导致 PDCA 运转失去动力。

曾几何时，我也曾有过相同的经历，可是有一天我猛然醒悟到要大胆取舍。

切忌"贪大求全"。

但是，这其中有一个先决条件。

那就是，始终保证从优先顺序较高的事项着手做起。

认真检查每一天的工作，你会发现大约两成以上的事情实际上是不需要做的。上级随意委派下来的杂务，因同事休假而暂时搁置的资料制作，毫无意义的冗长会议，如此等等，如果不对其加以区分势必陷入事务圈中，使得本来应当履行的事项却无暇顾及。

如此下去，不可能取得任何成果。

面对这种情况，我会定期评估具体任务"TODO"清单当中所列事项，对于那些优先顺序较低且不易解决的工作，我会毫不客气地把它们放进**"冷冻箱"**中。

所谓"冷冻箱"，那是 IT 领域发明的行业用语，意思是"临时搁置暂不实施的任务"。用食物做比喻，就是"暂时不吃，放进冰箱里保存"。

具体的做法，是在具体任务"TODO"的管理软件当中，作为分类文件建立一个"冷冻箱"文件夹，将这一"冷冻箱"文件夹与云端服务器上的文本文件相互链接。这样一来，被临时搁置的具体任务"TODO"就会不断地被添加到文本文件当中。

具体任务"TODO"的清单中大量储存尚未完成的事项，势必给人带来无形的压力，造成工作上"无法控制的局面"，从精神卫生上说是一种负能量。毕竟"未完成事项"积累过多会导致焦虑和不安，让人无法集中精力投入工作。

无疑，放进"冷冻箱"里的东西时间长了也会被遗忘。为此，每隔一两周就要打开冷冻箱查看一次，确认哪些项目可以"重新启动"。

实施篇

- 为了实现解决方案你都考虑了哪些行动措施？
- 是否还可以考虑其他行动措施？
- 你所列举的行动措施当中哪一些优先顺序较高？
- 请将你的行动措施提出量化指标！
- 如果将你的行动措施写在日程表当中，会是哪些具体任务？此外你计划到什么时间实施完毕？
- 设想此前制订的计划可能遇到障碍。假如遇到障碍，你认为会是出于哪些原因？如果可以事先预防，你认为可以考虑使用哪些方法？

5.

第五章

实施阶段应用篇：
为实现高效运行
的"时间管理"

● 为何总是忙得不可开交？

你是否知道，有关面临挑战的难易程度，用心理学关于人对外界感知的发展阶段来表示，可以分为三个区域，舒适区（comfort zone）、学习区（learning zone）和恐慌区（panic zone）。

舒适区，顾名思义就是感觉舒适的状态，换句话说就是"只想做喜欢做的事情""感觉到压力的事情一概拒绝"的状态。学习区，是对一定程度的工作忙碌感觉到充实的状态。恐慌区，则是指工作超出了个人的承受能力而"陷入恐慌"的状态。

为了使一个人或者一个企业不断进步，前提条件是必须远离舒适区。随着所面临的挑战难易程度的上升，工作量也随之增加，这也是必然的结果。

即使如此，无限度地增加工作量无异于把人引入恐慌区，使得工作效率大幅度下降。

为此，无论是对于个人还是对于企业，理想状态是保持"适度

图 5-1　人所感知的三个区域

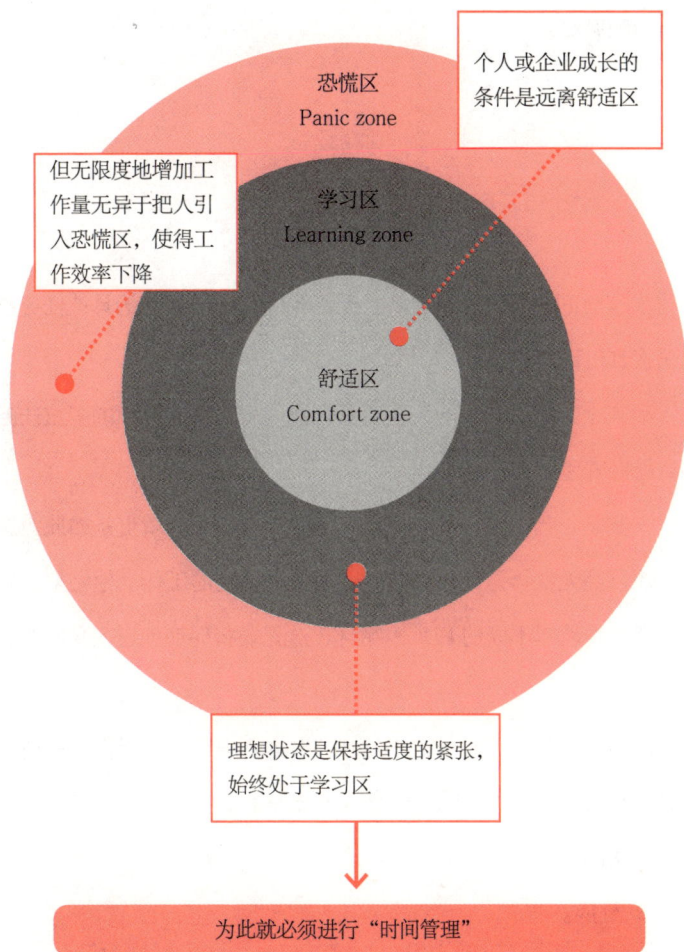

恐慌区
Panic zone

学习区
Learning zone

舒适区
Comfort zone

个人或企业成长的
条件是远离舒适区

但无限度地增加工
作量无异于把人引
入恐慌区，使得工
作效率下降

理想状态是保持适度的紧张，
始终处于学习区

为此就必须进行"时间管理"

的紧张"，以维持整体状态始终处于学习区域。为了达到这一目的，就必须利用"时间管理"的手段，以便对自己持有的工作量随时进行适当的调整。

● "时间管理"的三大原则

没有时间就好比无米之炊，无论我们制订出怎样的具体任务也无法将其付诸实施。

事实上，越是年轻的公司职员，就越表现得对所谓的多重任务感到特别棘手。

尤其是，当年轻人第一次受托率领一个团队时就更是如此。这时，他已经无法再像往常那样只顾埋头于自己的工作。他必须以俯视的姿态转动起不同的 PDCA 循环，这无疑将促使他进入全面的恐慌状态。

这时，年轻人将第一次感觉到"时间管理"势在必行。所谓的"时间管理"，这里可以考虑有以下三种手段。

① **割舍**。

② **替换**。

③ **压缩**。

选择"时间管理"，原则上应当按照这一顺序进行。

图 5-2　"时间管理"的三大原则

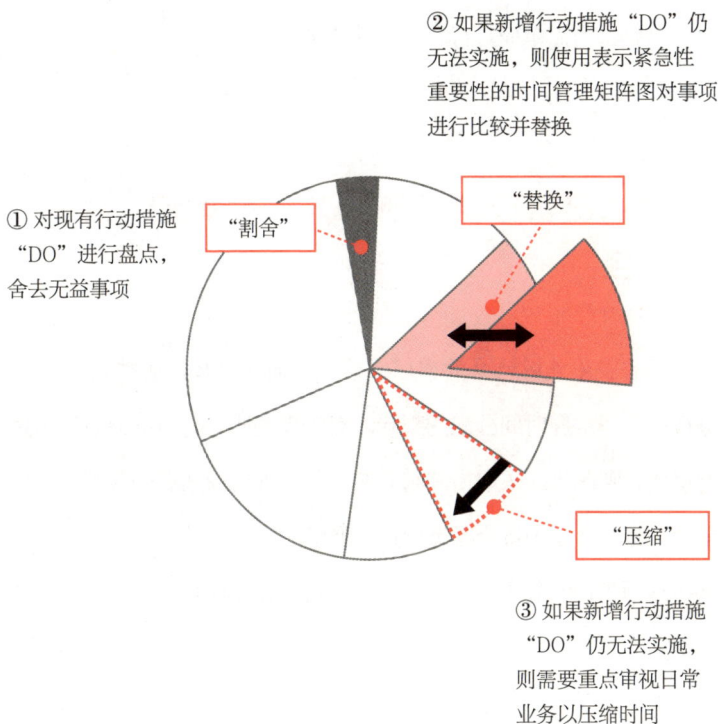

② 如果新增行动措施"DO"仍无法实施，则使用表示紧急性重要性的时间管理矩阵图对事项进行比较并替换

① 对现有行动措施"DO"进行盘点，舍去无益事项

"割舍"

"替换"

"压缩"

③ 如果新增行动措施"DO"仍无法实施，则需要重点审视日常业务以压缩时间

　　关于多重任务的时间管理，有些人为了有效地利用现有时间，会首先考虑压缩用时。但是按照时间管理的顺序，依旧应当把压缩用时放在最后为好。根据需要，有时会将新增加行动措施"DO"与已有行动措施"DO"的优先程度进行对比之后重新排列顺序。这时仍然需要按照时间管理的顺序，把替换位置放在第二位。

总之，有关"时间管理"，首先应当考虑的事情始终是——**现有行动措施"DO"当中有无可以割舍的事项。**

这是最为简单而且行之有效的选择。

● 盘点已有行动措施"DO"，确定"割舍"内容

要想找出能够割舍的事项，首先必须对已有行动措施"DO"进行盘点，掌握时间分配的现状。对于那些明显无须下大力气推进的事项，则应迅速采取措施将其割舍。此外或许还有一些事项可以割舍，为此必须先将全部事项制表列出。

这项工作看起来像是个大工程，可实际操作起来却意外地十分简单。

如果属于公司业务，就需要将办公室的工作可视化；如果是个人行为，就需要将个人的时间运作可视化，仅此而已（除此以外的自由职业者，由于其公司业务与个人行为在时间上很难分开，因此有可能需要将两个方面同时进行盘点）。

盘点期限以一周为宜。

因为，即使具体的行为可能有所变化，但是回放一周的业务（或者个人的时间运作），理应不会发生很大的变化。

以办公室为例，平均每天工作 9 小时，一周五天就是 45 小时。那么只需要弄清楚这 45 小时里都做了哪些事情，每件事情共花费了多长时间。用从事该项工作每天花费的时间乘以一周重复该项工作的次数，便可得出从事该项工作每周所花费的总时间（例如制作资料 10 小时、接打电话 4 小时等）。

作为参考，本书末尾附录网址中备有本公司实际使用的"时间盘点表"样表，如有兴趣请自行上网下载。

此作业只要模仿做过一次，以后操作起来便十分简单。如果以往的记忆只凭感觉，不曾详细记录，建议可以使用记录生活轨迹的软件 LifeLog，对自己一周的行动轨迹做一番调查（只凭感觉得出的结论往往偏差较大）。

这张时间盘点表最为有效的，是对个人的时间盘点。

在公司的办公室里，面对堆积如山的工作，人们自然目标明确，时间意识也比较强烈。可是一旦离开办公室，要求个人对自己的业余时间进行管理，许多人会说——那似乎有些强人所难。

本公司在对员工的业余时间进行一番盘点之后发现，许多公司职员的业余时间浪费之严重超出人们的想象，让人看了以后大为震惊。

无疑，我并不是禁欲主义者，也不主张人们过禁欲的生活。

空闲时间和朋友一起出游，埋头于个人的爱好，和家人一起团聚，这些都是人们日常生活当中不可缺少的环节。

图 5-3 时间盘点表

■时间核算

时间项目	时间评估		知识	每周时间	贡献比率	采用时间	每周时间
8 工作时间（日）	业务分类			0 #DIV/0!	0 #DIV/0!	0	0 #DIV/0!
3 特定加班时间（日）				0 #DIV/0!	0 #DIV/0!	0	0 #DIV/0!
5 平日天数				0 #DIV/0!	0 #DIV/0!	0	0 #DIV/0!
				0 #DIV/0!	0 #DIV/0!	0	0 #DIV/0!
55 合计	每周时间现状 －		27.5	0		0	0

每周时间现状　27.5　＝必须将目前每周的业务缩减至一半左右　　→合后　27.5　　实际时间（h）　27.5

将目前的业务削减

No.	业务分类	具体业务内容	实施目的	一次所需时间(h)	每周次数	每周时间(h)	削减（外包）全部削除？	外包时间	实际时间	削减计划（TODO）/改善计划
1						0				
2						0				
3						0				
4						0				
5						0				
6						0				
7						0				
8						0				
9						0				
10						0				
11						0				
12						0				
13						0				
14						0				
15						0				
16						0				
17						0				
18						0				
19						0				
20						0				
21										

可问题的关键在于，做什么事情都应当有个限度。

经盘点发现，有些人一周之内玩手机游戏时间竟然长达 20 小时，在我看来，割舍一半也不足以弥补浪费时间所造成的损失。

● 利用表示重要及紧迫程度的"时间管理矩阵图"决定"替换"

即使甩掉了沉重的"包袱"，却仍然没有充分的时间运行新增加的行动措施"DO"。这时，就要将已有行动措施"DO"与新增加行动措施"DO"的优先程度进行比较，以决定替换实施的顺序。其中需要利用大家所熟悉的"七个习惯"中，表示重要及紧迫程度的"时间管理矩阵图"。

这张"时间管理矩阵图"，横轴表示紧迫性，纵轴表示重要性。其中第一象限表示"重要且紧迫"事项，第二象限表示"重要且非紧迫"事项，第三象限表示"非重要且紧迫"事项，第四象限表示"非重要且非紧迫"事项。

这里，我们将第四章列出的已有行动措施"DO"的事项填入"时间管理矩阵图"当中。

具体填写标准，可以考虑将行动措施"DO"按照重要程度分为三个等级，将第一等级和第二等级填入重要区域，将第三等

图 5-4　表示重要及紧迫的"时间管理矩阵图"

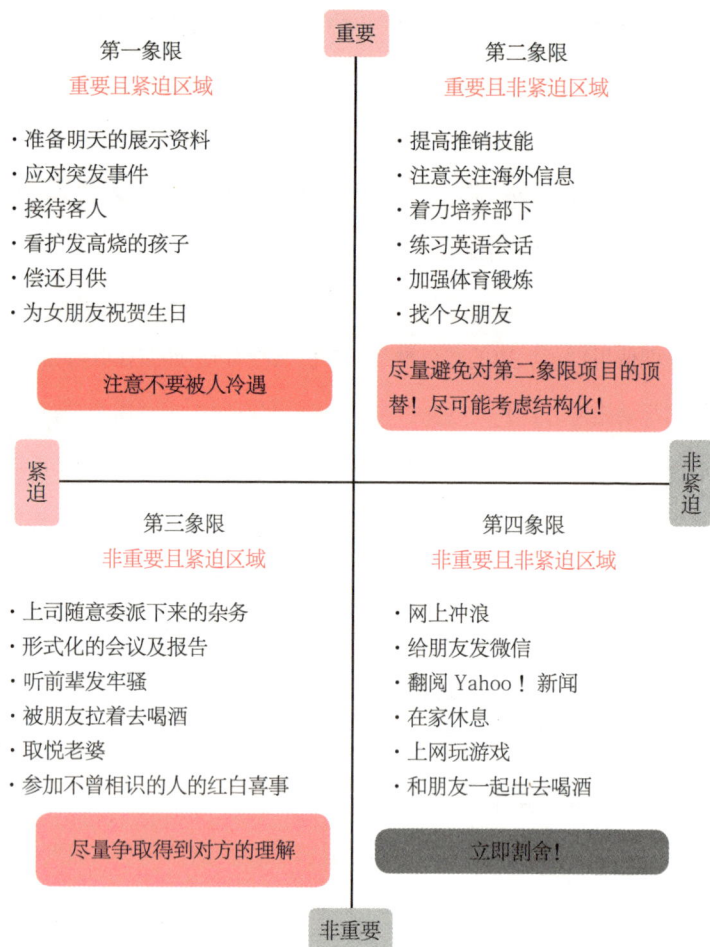

重要

第一象限
重要且紧迫区域

· 准备明天的展示资料
· 应对突发事件
· 接待客人
· 看护发高烧的孩子
· 偿还月供
· 为女朋友祝贺生日

注意不要被人冷遇

第二象限
重要且非紧迫区域

· 提高推销技能
· 注意关注海外信息
· 着力培养部下
· 练习英语会话
· 加强体育锻炼
· 找个女朋友

尽量避免对第二象限项目的顶替！尽可能考虑结构化！

紧迫

非紧迫

第三象限
非重要且紧迫区域

· 上司随意委派下来的杂务
· 形式化的会议及报告
· 听前辈发牢骚
· 被朋友拉着去喝酒
· 取悦老婆
· 参加不曾相识的人的红白喜事

尽量争取得到对方的理解

第四象限
非重要且非紧迫区域

· 网上冲浪
· 给朋友发发微信
· 翻阅 Yahoo！新闻
· 在家休息
· 上网玩游戏
· 和朋友一起出去喝酒

立即割舍！

非重要

级填入非重要区域。关于行动措施的紧迫程度，可以将紧迫度在三个月以内的事项填入紧迫区域，三个月以外的事项填入非紧迫区域。

此外，为了便于与其他行动措施"DO"进行比较，对于填入同一象限内的事项，最好也能够按照各自的重要性及紧迫性顺序分别排列整齐。

顺便说一下，前面提到的"割舍"过程，同样可以利用"时间管理矩阵图"实现。利用这张矩阵图对自己的时间分配进行一番整理之后你会发现，填入"非重要"区域的事项竟然如此之多，甚至超出你的想象。

从未利用过这张矩阵图对自己的行为进行整理的人，第一次操作起来或许担心不知从何下手。根据本公司年轻职员实际操作的经验，这种担心似乎大可不必。本书附录当中列举了一些有用的参考资料，可根据实际情况进行练习。

填写完"时间管理矩阵图"后，便可以根据新增加的行动措施"DO"所在的象限，寻找可以替代的行动措施"DO"。

毫无疑问，需要替换的第一替补事项多数应当位于第四象限区域，第二替补事项则大多位于第三象限（非重要且紧迫）区域。

被列入第三象限比较典型的行动措施"DO"通常包括以下一些内容。

工作当中被列入第三象限的实际例子

- 上司随意委派下来的杂务。

- 形式化的会议及报告。

- 听前辈发牢骚。

个人事项被列入第三象限的实际例子

- 被朋友拉着去喝酒。

- 取悦老婆。

- 参加不曾相识的人的红白喜事。

　　恕我直言，所有这些实例的共同特点就在于——别人执意请求，可对自己来说却是无关宏旨。就是说，通过与对方友好协商便可以节省大量的时间。

　　对办公室工作来说，越是不习惯于 PDCA 循环的团队，工作当中就越充满了无用功，而他们的一句"老规矩"又使得这种无用功的紧迫度陡然上升。打破这种陈规陋习需要极大的勇气，探讨改进方法就成了改变现状的极好机会。

　　观察第三象限如果仍然无法得出结论，接下来就应当从第一和第二象限的所谓"重要"区域寻找答案。

　　一般认为，接下来第三替补理应出自第二象限（重要且非紧迫）。

况且，如果新增加的行动措施"DO"的情况紧迫，必然同时会对其重要性增加更多的筹码。但是我个人觉得，应当尽量避免对第二象限事项的顶替。

其中的原因就在于，位于这一区域的事项对于未来的成长意义重大。

工作当中被列入第二象限的实际例子

- 提高推销技能。
- 注意关注海外信息。
- 着力培养部下。

个人事项被列入第二象限的实际例子

- 练习英语会话。
- 加强体育锻炼。
- 找个女朋友。

由此可见，纵观第二象限，其内容无一不是足以值得期待，或者将会带来巨大回报的选项。

顺便说一下，行动措施"DO"向具体任务"TODO"展开时，"持续型行动措施'DO'"的展开在这里将变得难以判断。例如，"完成作业"这一行为的紧迫性显得很高，而每天的"自主攻读"

紧迫性就显得并非很高，但所做的事情都是加强自身"修养"，其重要程度难分高低。

如果仅以紧迫性判断割舍第二象限事项，结果例如"练习会话""提高技能""锻炼身体"等一些着力于自我提升的事项将不得不被迫割舍。

尤其应当指出的是，有关提高工作效率的选项，从中长期角度来看均为产生积极效果的事项。这就好比一个人掌握了盲打技术，一生可以节省数千小时，可遗憾的是只有少数人会刻意去练习。之所以这样，是因为多数人只顾眼前利益，总是倾向于选择紧迫性较高的事项。

正确的做法是，在保留第二象限事项的前提下探索其他对策。除此之外，关于第一象限（重要且紧迫）事项更为现实的考虑是，如何调动起周围人的积极性以得到更多的外界的援助。

● 重点审视日常业务以"压缩时间"

减少了时间的浪费，选择了任务替换却依然显得时间不足，最后的手段只有"压缩时间"。

这时，仍然需要利用"割舍"环节曾经使用过的，对已有行动措施"DO"进行盘点，针对其中事项探讨短时间内取得预期效果的最佳方法。

　　这一点从事生产管理的人员或许更加熟悉。在批量生产的车间一线，许多情况下以秒为单位测试工序流程，以期实现生产工序的合理化。

　　这里，我们无须像生产工序管理那样追求完美，但也应做到"尽我所能"。例如，一改每天数次往返位于复印机与办公桌之间的做法，将复印文件集中处理以减少时间的流逝。我们不经意间在办公室里度过的每一天，其实都隐藏着莫大的玄机。

　　再举一例，我每天收到的电子邮件多达 50 封，为此一周单是耗费在整理回复邮件上的时间竟然多达五小时。

　　为此我想尽办法，努力压缩处理邮件的时间。我在电脑中设置常用短语以备回复时使用（这已经成为基本常识）；有些根据邮件名称可以判断邮件内容的就尽量省略，最终成功地将处理电子邮件的时间压缩到了三小时。

　　仅仅缩短日常业务所用时间这一项汇总起来，全年可以节省出的时间就非常可观。相信大家都听说过，为了节省早上选择穿衣所用时间，史蒂夫·乔布斯和马克·扎克伯格每天都穿同样服装的佳话。更有一些男企业家为了节省每天早上梳理头发的时间，竟然将自己剃成光头（这与其说是"压缩"，不如说是"割舍"）。要知道每天压缩十五分钟时间，全年 365 天下来就可以节省 91.25 小时。

● "重要且非紧迫"区域的实施方法

前面已经介绍了"重要且非紧迫"区域的重要性，且注意不要被紧迫区域所取代。但是在实际运转 PDCA 循环，或者同时运转复数个 PDCA 循环时，"重要且非紧迫"区域总是会被迫为紧迫区域让路。为此如何能够确保"重要且非紧迫"区域中的事项正常实施，就成了问题的关键。

其中，实施方法大致有以下两点。

1. 力争制度化，使其融入日常生活当中

作为一项任务，人们总是会将这一区域放在天平上衡量。为此就要设法将其制度化，使其融入日常生活当中，并且最终养成习惯。开始时作为一种规定，或许也会感到有些约束，时间久了就会习惯成自然。

将"重要且非紧迫"区域的任务制度化有许多种方法，其中效果最为明显的，便是利用"持续改进记录表"强制对自己的日常行为进行反思。

从前，为了去国外商学院留学，在攻读英语时，作为课题我曾经尝试过以下努力（行动措施"DO"）。

将英语学习融入日常生活的实际例子

· 将手机及电脑的 OS 设置语种设定为英语。

· 将近乎一半的信息来源选定为英文媒体（订阅《华尔街日报》《金融时报》。尽管阅读速度缓慢却成效显著）。

· 和懂英语的朋友用英语对话交流（即使对方是日本人）。

· 改用英语书写日程表。

· 用英语书写公司研修的心得体会（遭到人事部门的反感）。

· 放弃日本音乐，改听欧美音乐。

所谓"融入生活当中"的方法，是指除了坐在办公桌前与工作展开对决以外的、所谓非正面的进攻方法（行动措施"DO"）。

必须注意的是，如果你制订的规矩让你感到压抑，甚至对你的日常生活造成障碍，那么你的行动措施非但不会产生效果，反而会挫伤你的积极性。想要持之以恒，就要从简单做起，轻松参与。

2. 将"重要且非紧迫"事项强行纳入"紧迫区域"

这是目前最常用的手法。即将"重要且非紧迫"事项强行纳入"重要且紧迫"区域当中。

例如，为了掌握有关数字媒体方面的知识，我直接将主题设定为立即参加培训班。

当然不仅限于培训班，也可以就一个主题参加某个研讨会。如果是个人，还可以在博客上宣布"一周以后将学习成果在博客上发表"。总之就是要制造出一种局面，强迫自己在未来某一个时间点取得一定的成果。

如果是资格考试，就更应该直接将其列入"紧迫区域"当中。考试日期无法随意更改，而且已经为此缴纳了考试费用，复习考试的优先程度已然上升到了极点。

顺便说一下，如果真的打算提高英语水平，相比参加托业（TOEIC）考试，我宁愿推荐托福（TOEFL）考试。原因在于，托业考试费用一次不到六千日元——考不好下次还可以重来，而托福考试费用一次二百三十美元——它可以瞬间唤起你的警觉，让你没有后退的余地。

6.

验证阶段：周密计划与精准实施基础之上的"回顾"总结

● 验证失败的两种形式

"CHECK"一词在日语当中可以翻译为"验证""观察""检验""评价""回顾"等。验证的对象可以包括以下三个方面。

・**KGI：目标的达成率。**

・**KPI：子目标的达成率。**

・**KDI：行动计划的达成率。**

除此之外，如果这些目标或者计划与想象中的完成日期相比大幅度推迟，则需要查明"造成计划进展缓慢的原因"；如果目标顺利实现，还需要总结"促使计划进展顺利的经验"。

以上便是验证阶段的大致内容。

在具体介绍验证阶段各个步骤之前，这里首先想谈一谈在验证阶段容易造成 PDCA 失败的两种主要形式。一个是——事前做好了周密的计划并且也已经付诸实施，但是却没有对结果进行验证；另一个是——事前没有一个完整的计划，事后只对结果进行一番形式上的检查。

1. 不对结果进行验证的，所谓"放任自流派"

只顾埋头拉车以致迷失了方向，结果只能是劳而无获。

现实当中，只想着如何实施计划却完全忽视了结果验证的大有人在。借口工作繁忙无暇顾及结果验证，这种托词也是随处可闻。

我在做证券推销员时，总是特意将下班以后的饭局交际安排在平日，以便利用周末对过去一周的工作进行总结，制订出未来一周的规划（同时尽量避开周五，因为周五晚上让人精神放松，往往喝起酒来夜不归宿）。无疑，将周末时间百分之百地用于提高自身修养，这种人并不多见。可我要说的是，只要有了某种愿望，总能找到时间。

对那些不善于回顾总结的人来说，相比停下脚步潜心思考，整日在外奔波或许更具有成就感。的确，那种不懈的努力很容易让人感到精神上的"满足"。

可是，那样只能使人不断地重复旧辙，最终远离目标自己却无法察觉。老实说，这不能不让人感到遗憾。

为了以最快的速度实现自己的目标，提高验证频率是必不可少的前提条件。

其中关键的问题在于，验证不能等到"有时间再说"。必须采取积极的措施，比如在操作软件的日期栏内预先制订出计划，确定"周日上午十时至十一时"为一周的回顾总结时间。仅此一项便可以改变你的意识，变实施过程中的"被迫验证"为"主动验证"。

2. 为了验证而验证的，所谓"形式主义派"

这是一个与第一种形式完全相反的类型。

有些公司领导对于 PDCA 只是一知半解，想象当中觉得 PDCA 的关键在于"回顾总结"。于是，当年轻职员在会上提及 PDCA 如何重要时，公司领导便被动地表示："既然如此，每周一召开一次会议商量如何？"

然而事先既没有周密的计划（课题选定马马虎虎，更没有明确的 KPI 指标），实施阶段又不下力气推进（没有 KDI 指标），在这种情况之下，即使召开会议又怎么能够对实施成果进行有效的验证呢？

结果只能是空喊一通"努力"，每周一次的汇报总结也是那样的冗长，显得枯燥无味。

这是一个公司行动迟缓的典型事例。

这种情况下即使有人提出了问题，但是由于并非立足于假说思维的基础之上，致使论点无法集中，结果问题只能是越发"含混不清"，以致找不出任何解决方案。

毋庸讳言，正是为了解决存在的问题，人们才开启了 PDCA 的无限循环，为此本人无意将其全盘否定。但是如果上述现象出现蔓延趋势，就不能不引起人们的高度重视。

总的来说，验证阶段大致可以分为五个步骤，下面就逐一对其进行介绍。

● 步骤一 确认 KGI 指标的达成率

为了方便起见，这里将确认 KGI 指标的达成率设定为验证的第一个步骤。

在实际验证的过程当中，从课题的内容细节上看，验证频率的高低依次应当是，KDI 最高，KPI 次之，最后是 KGI。

正如本书"前言"中所说，我们公司每周固定召开两次小组会议，主要议题是审议 KDI 指标。其间也会提及 KPI 指标，但此类指标成果的达成所需时间长短不一，有关重要 KPI 指标的验证，则另行安排在每周一次的管理层精准验证时间进行。关于 KPI 验证，有时还可能三周进行一次。与此相反，**有关 KGI 指标，每月都要进行一次正式的有效验证。**

图 6-1 KGI 指标达成率

经销篇

KGI 指标	达成率
三个月以后目标每月新开发客户十个	（一个月后）达成率 60%

英语篇

KGI 指标	达成率
三个月后目标 TOEIC800 分	（两个月后）达成率 70%

另外还有一点必须说明的是，有关"KGI 指标"以及"重要 KPI 指标"，例如公司的经营者以及销售人员所关注的销售额，或者公司网站的访客人数等数字，通常只是在公司的例行会议上才进行正式的验证并讨论对策。但是这绝不意味着我们对这些数字不重视。相反，为了提高整体意识，公司要求每一位小组成员对这些数字每一天的变化都要做到全盘掌握。

此外，公司每天都要通过在线沟通的方式，将公司网站前一日的点击量以及月访客人数，由各个小组负责人向每一位小组成员进行通报。

● 步骤二　确认 KPI 指标的达成率

步骤二是对 KPI 相关指标的验证，目的是掌握"成果目标"的达成率。

KPI 指标的验证并不复杂，只是将数字进行比较，其中关键是要根据验证的频率，预先准确把握 KPI 指标的尺度。

例如，假设 KPI 指标年销售额为一亿日元，每周验证一次。按照计算得知，每周的 KPI 目标值应当是两百万日元。如前所述，本公司把按照验证周期细分的 KPI 指标称为"周期行动目标"。对KPI 指标确认的目的，是掌握该验证对象期间"周期行动目标"是否按照计划顺利达成。

通过对 KPI 指标的确认，可以明确了解课题的进展情况，对实施结果进行反思，还可以对今后的行动计划进行细微的调整。这是 PDCA 循环的精华。实践证明，只有反复实践、反复确认、随时调整，才有可能确保最终目标圆满实现。

此外，有关"提高顾客满意度"之类的 KPI 指标，坦白地说很难立即取得成果。对此一方面要确认周期行动目标，同时还必须按月进行一次正式的有效验证。

图 6-2 KPI 指标达成率

经销篇

KPI 指标	达成率
展示优胜率增加 20%	达成率 25%
预约走访客户每天增加三家	达成率 66%
电话接听率增加 10%	达成率 25%

（最重要 KPI 指标＝电话接听率）

英语篇

KPI 指标	达成率
TOEIC 读解习题 7 一分钟读解比率增加 20%	达成率 -20%
听力软件习题准确率增加 10%	达成率 100%
单词练习软件准确率增加 20%	达成率 75%

（最重要 KPI 指标＝单词准确率）

● 步骤三　确认 KDI 指标的达成率

KDI 是显示"任务是否按计划落实"的指标，其表现形式为"行动目标"的达成率（或者称为进度率）。如前所述，具体任务（TODO）的落实情况需要每天确认，随时调整。

图 6-3　KDI 指标达成率

经销篇

	KDI 指标	达成率
在同事面前模拟展示，听取对方的反响	是否已经做了（一次）模拟展示？	达成率 100%
	是否得到上司的许可交接了（一次）工作？	达成率 50%
	三个月一次交接率 100%	达成率 100%
练习微笑待客	是否找到（一次）可以参考的动画教材	达成率 100%
	每天注意保持微笑（周期行动目标 80%）	达成率 50%
阅读并探讨经销术	是否前去（一次）购买有关书籍？	达成率 100%
	每周阅读两册（周期行动目标 100%）	达成率 30%

英语篇

	KDI 指标	达成率
反复解读较长英文句子的问题	是否前去（一次）购买以往的长句练习册	达成率 0%
	反复练习直到取得好分数（周期行动目标 80%）	达成率 0%
坚持每天听录音教材	是否下载（一次）录音教材？	达成率 100%
	上班途中听录音（周期行动目标 70%）	达成率 60%
上网接受英语一对一指导	是否签订（一次）合同？	达成率 100%
	每周上一次课（周期行动目标 100%）	达成率 80%
买一本单词册拼命背单词	是否前去（一次）购买单词册？	达成率 100%

如果为了达成某一个 KPI 指标所制订的行动措施（DO）是复数个措施，那么同样一定也存在着复数个 KDI 指标。根据情况，有时在 KPI 指标达成之前，一部分 KDI 指标的功能就已经结束，为此还需要追加新的 KDI 指标。由此可见，实际上回顾总结的大部分时间都用在了对 KDI 指标的验证或者更新上。

这看似理所当然，但实际上隐含着许多盲点。

举例说明，或许你也曾经遇到过这样的上司。

上司："请问，本周的销售计划为什么完成得如此糟糕？"

部下："实在抱歉，赶上现在的季节，没有能够招到优秀的临时工……"

上司："我没问具体的理由！这种结果，让我无法向上级汇报。"

部下："我是说，我去过许多家劳动力市场……"

上司："我已经说过，我不听你那些具体的理由！"

这其中，部下认为 KPI 指标之所以未能达成，是因为 KDI 指标业绩不佳，需要在行动措施（DO）方面采取措施。而试图将 KDI 层面的责任全部推卸给部下的这位上司，对此却是充耳不闻。

必须反复强调的是，**即使结果（KPI 指标）不容改变，但具体的行动（KDI 指标）却可以控制。**为了提高整个团队的业绩，就必须集中精力对 KDI 指标实行重点监控。

● 步骤四　查明失败的原因

这是验证阶段的关键一步。如果 KGI、KPI 乃至 KDI 指标未能按照预期取得成效，那么就必须查明原因。

其中 KDI 的指标验证相对比较简单，而 KGI、KPI 的指标验证则需要费一番周折。

下面就三个指标分别做出说明。

KDI 指标未能按计划达成

当行动目标未能按照预定的计划达成时，首先应当考虑的因素便是"时间"。

为此，第一个需要回答的问题自然是——你是否为此花费了一定的时间？由此开始对 KDI 做出全面的检查。

如果你的确为此花费了一定的时间，那么接下来需要回答的问题就是——既然付出了一定的精力，为什么没有能够达成目标？并为此找出原因。

如果答案是"实施过程中遇到了障碍"，那么就要分析遇到的是什么样的障碍（例如前面的例子当中"未能招聘到优秀的临时工"等）。如果答案是"花费了一定的时间，但具体做法出现了问题"，那么就要集中力量对自己的做法进行一次彻底的排查。如果这时得出的结论是"所设目标过于庞大"，或者"需要投入更多的时间和精力"，那么就应当重新研究出切实可行的目标和计划，并且在接下来的调整阶段对 KDI 进行适当的变更。总之，就是要面对问题不断地"刨根问底"，直至找出可以让自己信服的原因。

另一方面，如果对于第一个问题的答案是"没有能够抽出足够的时间应对"，那么第四个需要考虑的问题便是"为什么没有能够抽出足够的时间应对"。

如果理由是"工作繁忙"，那么就要弄清楚是因为偶发的事件造成无法脱身，还是原本压力过于沉重导致无暇顾及。由于采取的对策不同，所以必须对此梳理清楚。此外，如果单纯地只是"对活动不感兴趣"，那么就要找出其中的原因，根据情况还要回到原点，重新加深对 PDCA 循环意义的认识。

由此可见，**所谓分析原因就是反复提出各种"质疑"，在此基础上对课题进行有序的梳理。**

图 6-4　KDI 未达成时的要因分析树状图

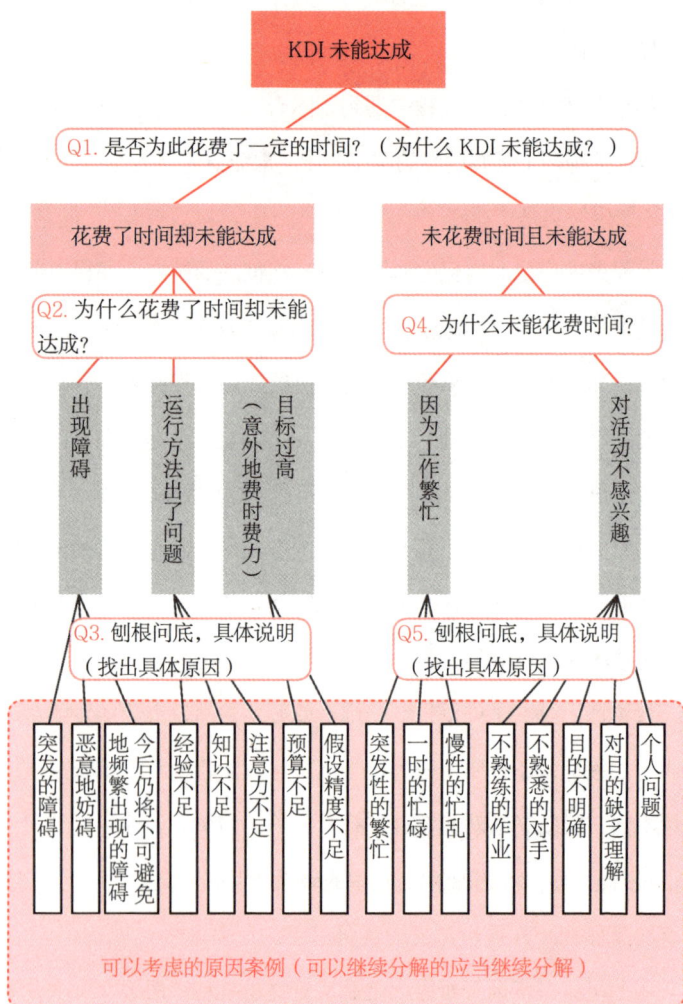

KDI 未能达成

Q1. 是否为此花费了一定的时间？（为什么 KDI 未能达成？）

花费了时间却未能达成

未花费时间且未能达成

Q2. 为什么花费了时间却未能达成？

Q4. 为什么未能花费时间？

出现障碍

运行方法出了问题

目标过高（意外地费时费力）

因为工作繁忙

对活动不感兴趣

Q3. 刨根问底，具体说明（找出具体原因）

Q5. 刨根问底，具体说明（找出具体原因）

突发的障碍

恶意地妨碍

今后仍将不可避免地频繁出现的障碍

经验不足

知识不足

注意力不足

预算不足

假设精度不足

突发性的繁忙

一时的忙碌

慢性的忙乱

不熟练的作业

不熟悉的对手

目的不明确

对目的的缺乏理解

个人问题

可以考虑的原因案例（可以继续分解的应当继续分解）

为了找出"真正的原因所在",就必须多问几个"为什么"。

KPI 指标未能按计划达成

KPI 指标未能按计划达成,分析原因大致有以下四点,我们不妨以这四点原因作为查找 KPI 指标未能达成的突破口。

KPI 指标未能按计划达成的四大原因:

A. 未能采取具体的行动(KDI 未能达成)

B. 采取了一定行动却不十分彻底(行动措施"DO"不完善)

C. 意外地遇到了新的课题(未能想象到的课题)

D. 建立假说时所确定的因果关系出现错误(KPI 与 KDI 未能达成一致)

A. 未能采取具体的行动

如果原因在此,则问题不言自明。

KPI 的实现建立在 KDI 不断积累的基础之上。KDI 未能达成直接影响到 KPI 的业绩。这时就要利用上述 KDI 未达成时的要因分析树形图,查清楚未能具体落实的原因所在。

除了未能采取具体的行动之外,有时还伴随着其他一些因素。这些因素往往不容易被发现,为此必须对具体任务(TODO)的进度实行严格管理,以确保 KDI 指标逐项落实。

B. 采取了一定行动却不十分彻底

有些情况下,即使 KDI 指标得以达成,却仍然不足以保证 KPI 顺利实现。从某种意义上说,这似乎也是预料之中的事情。因为我们在制订行动措施"DO"时曾经对一些措施进行保留，为此在接下来的调整阶段，就要考虑将曾经保留的措施作为追加措施重新拿来实施。

C. 意外地遇到了新的课题

出现这种情况，是因为在计划阶段没有能够对整体形势做到全盘的把握。

举一个简单的例子，为了得到新加坡企业的协助，在通过发送海量电子邮件请求约见当地企业会谈时，意外地没有能够得到任何反馈。正当人们对此迷惑不解时，却发现当时恰逢旧历春节，所有公司都在停业休假。

毫无疑问，能否及时发现这些不利因素，更多地取决于团队成员排忧解难的经验和能力。与此同时，还必须考虑是否存在着不切合实际的"主观臆造"。

计划阶段，所有结论都无一例外地只能停留在假说的基础之上——假设这样做或许会带来那样的结果。可是，偏偏有一些人主观地将这一假说错误地当成了现实。

正确的做法是，实施阶段应当满怀信心，大胆实践。**进入验证阶段后，那些对自己建立的假说充满信心的人，就应当静下心来扪心自问，以示对这一假说抱有一丝疑虑。**

否则，纵然有更多的选择也只能是坐失良机。

另一方面，计划阶段反复推敲的结果，最终只能得出一个结论——即使存在着多种可能，此次只能心甘情愿尝试其中一种假说。这样一来，反而能够在验证阶段冷静地审视假说的真伪，这是最为理想的状态。

横向扩展，开阔视野

通常情况下，人们之所以看不到事物本身的存在，除了对事物"纵向"缺乏深入了解之外，多数场合则是因为问题出现在"横向"，即人们的视野之外。

在帮助部下分析事物产生的原因时，我总是会提出这样一些问题。

"如果事物的原因存在于所列举的范围之外，你认为可能出现在什么地方？"

"如果抛开惯例和已有的常识，分析得出的结果将会是怎样一种情形？"

"如果这个项目允许花费一年时间完成，你认为自己是否能够取得成果？"

"如果你是对方客户公司的老板，你能够为那个公司做些什么？"

通过回答这些问题，可以强迫部下开阔视野。

这里所做的要因分析，其意义等同于计划阶段的提出课题。如果说计划阶段建立的假说存在着某种偏差，那么这时就应当以更加广阔的视野，对课题进行更加深入的剖析。

正如本书计划阶段应用篇所指出的那样，为了防止遗漏，最有效的方法是将活动的每一个环节，包括可能发生的事项记录在案，实现全部过程的可视化。

可是说到容易做到难，要想完美地实现目标还得下一番功夫。毕竟这一环节的话题有时甚至会涉及咨询公司天价的咨询费用。

根据我个人的经验，**导致课题难以预测的因素，多与"人员""信息""地域""时间""对方"或者"交际"有关**。以下详细列举，希望大家在遇到问题时能够有所参考。

其中尤其是一些大公司，由于计划人员不掌握操作人员的执行情况，因此在这一方面就表现得更加突出（与"人员"及"信息"有关的情形）。此外，经常会发生有些企业将项目委托给承包商后出现了问题，结果由于不了解实际情况而求助无门的情况。

这种不负责任的行为在运转 PDCA 循环时也时有发生，必须引起足够的重视。

要记住，事情可以委托他人去做，但自己必须定期听取汇报，以便持续不断地进行追踪。

导致课题难以预测的各种因素：

"人员因素"：包括人员的办事方法、周围环境、个人能力、本人经验、做事态度等；

"信息因素"：包括信息的准确性、时效性、是否存在人为误导等；

"地域因素"：包括国民性格、地方民风、风俗习惯、传统文化、人口结构等；

"时间因素"：包括时间、周、时令、节假日、季节性活动等；

"对方因素"：包括对方的地位、职业、年龄、性别、性格、理念等；

"交际因素"：包括交往的方式、双方印象、说服能力、信赖关系、心理负担等。

D. 建立假说时所确定的因果关系出现错误

如果按照以往的视角未能发现课题，那么就要考虑——是否 KDI 与 KPI 没有能够形成有效的衔接。

所谓 KPI，是为减少量化目标与现状之间存在的差距而设置的课题，而 KDI 则是量化了的行动措施"DO"。如果它们之间出现了问题，则：

·或者 KPI 与解决方案之间出现了问题（错误的解决方案）。

·或者解决方案与行动措施"DO"之间出现了问题（错误的行动措施"DO"）。

·或者行动措施"DO"与 KDI 之间出现了问题（错误的 KDI）。

PDCA 循环从一开始就建立在假说的基础之上，因此，出现这种情况并不奇怪，重要的是如何尽快发现并纠正错误。

有关 KDI 与 KPI 之间的衔接，不要等到 KDI 百分之百达成之后再予以确认。

即使 KDI 刚刚达成一半，只要当初的假说是正确的，KPI 也会随之发生变化。

例如，假设本公司计划在公司官网"ZUU 网站"上开设专题，并为此上传了一条专题报道，可是访问者（最终用户）却寥寥无几。

无疑，这时就要对事实进行调查，找出不曾预料的原因（例如与新闻发布网站的链接是否畅通等）。调查结果如果链接不存在问题，说明设立的假说不成立，这时就要考虑"专题报道的标题是否足够吸引人"。这时，假设当初计划 KDI 目标为"上传十条专题报道"。如果连续上传两三条后形式仍不见好转，根据情况，负责编辑的人员就要下令暂停实施计划。

图 6-5　所谓 KPI 与 KDI 未能有效衔接

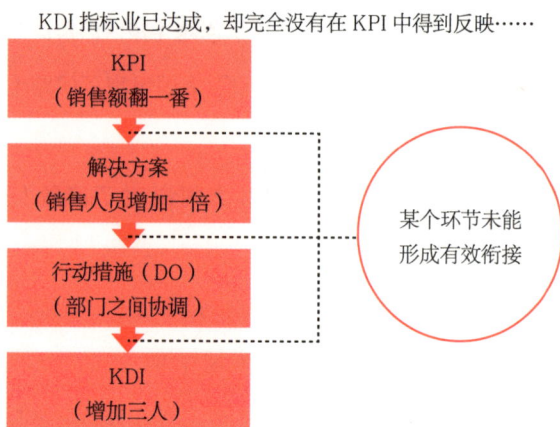

KDI 指标业已达成，却完全没有在 KPI 中得到反映……

KPI
（销售额翻一番）

↓

解决方案
（销售人员增加一倍）

↓

行动措施（DO）
（部门之间协调）

↓

KDI
（增加三人）

某个环节未能形成有效衔接

上述事例用图式表示，即：

课题：增加最终用户

↓

KPI 指标：目标增加率为 2%

↓

解决方案：制作专题报道

↓

行动措施"DO"：专辑标题为"股东优惠"（←**或许这个假说就是原因**）

↓

KDI 指标：以"股东优惠"为题目制作出 10 条专题报道

KGI 指标未能按计划达成

如果 KDI 和 KPI 按计划顺利实施，而 KGI 却依然如故丝毫没有发生变化，就可以考虑以下两个原因。

1. KGI 与课题未能衔接。

2. 课题与 KPI 未能衔接。

第一种原因，是中小企业的经营者和大企业的推销人员最容易坠入的陷阱。前者——因付出了巨大的努力经营成果却始终不佳而深感烦恼，后者——为跑了那么多客户销售成绩却总是倒数第一而百思不解。总之两者都是捡了芝麻丢了西瓜，失去了最为紧迫的课题自己却毫无察觉，结果只能是徒劳无功。

● 步骤五　分析成功的经验

——什么是您（贵公司）所面临的课题？

听到这种问题，多数人的回答都倾向于对自己负面的反思。

可是，成果的取得并非都是纠正错误的结果。多数情况下，施展才华为整体局势带来的正面效应会更加显著。

课题解决至上主义者，对于这一客观现实的重要性往往不屑一顾。

有时，即使他们看到了自己的强项，也总是以"不是谈及强项的时候"为由将其置于脑后。

要知道，PDCA 的循环过程并非只是追究失败的原因的过程，它同时也是分析成功经验的过程。以往我曾经把发挥自己的强项（课题）称为"突破口（Break throug hpoint）"，现在为了与"改善方案"相对应，我把它改称为"拓展方案"。

举例说明，一个擅长制作推销资料的推销员，只因为性格内向，却要无休止地转动起练习待客技巧的 PDCA 循环。在我看来这未免有些得不偿失。当今互联网时代，上传一份宣传资料，无须多费口舌即可带来丰厚的成果。既然如此，还不如因势利导，制订出一套"制作完美资料"的"拓展方案"。

　　是否制订"拓展方案"，要在调整阶段做出决定。但是，如果在验证阶段不曾意识到"合同的顺利签订与资料准备是否充分密切相关"，那么依旧无法制订出正确的"拓展方案"。

　　看到成功经验带来的丰硕成果，整个验证过程会让你内心充满欢乐。如果在运转 PDCA 时总是一味地寻找失败的原因，即使前景美好，在课题的巨大压力之下，你也会感到茫然无措。

　　只有点燃希望之光，才能使人充满信心。前进的道路上，自信显得比什么都重要。作为上司，一句鼓励的话——看来大有希望，无疑会让部下感到信心满满。

　　对以往成果的回顾总结，就好比将创意美食列成食谱。

　　创意美食，自然少不了美食的设计与制作，其中还伴随着各种美妙的构思。将这一创意美食列成食谱，就是把各种食材以及烹饪方法记录在案。加入适当的调料和秘方，一盘美味的咖喱牛肉便制作完成。只有将创意过程详细记录，完美的创意才能够得以再现。PDCA 循环同样如此。因为是建立在假说思维的基础之上，才使得验证变得更有意义，同时也使得再现成为可能。

　　进一步来讲，无休止地重复再现，最终使得"创意美食"走向大众化。

　　"创意美食"做多了，就成为家常便饭。最终人们无须照本宣科，也可以一边从事家务一边做得一手美味佳肴。正所谓习惯成自然。

● 验证精度与速度之间的关系

如前所述，高效 PDCA 工作术循环的动力来源于 KDI。只要我们采取行动，总会与各种课题不期而遇。迅速解决所面临的课题，可以大大提高团队的行动能力。

至于 KPI，更是容不得花费大量时间逐条验证。

有关 KPI 验证，基本原则是——在可能的情况下尽量加快验证程序。

无疑，我们不可以急功近利，但同样不能循规蹈矩以致坐失良机。

下面举例说明。

利用电子邮件推销产品，业界公认的平均在线回复率是 2%。如此单纯计算是五十比一，就是说至少要发出五十份电子邮件，否则根本无法对结果进行验证。

当然这只是一个平均数值，有时发出五十份邮件在线回复可能是零。为了使这一误差保持平均并趋于稳定，有必要取一个较大的分母，例如采集三百件试样。

从这个例子可以看出，KPI 的比例越低就越容易产生误差，为此分母必然随之扩大。反之，如果 KPI 的比例达到了 50%，或许三十件试样作为分母就足以满足要求。

对此，以高效运转 PDCA 的人或许会提出以下相反意见。

——取较少的试样验证，可能导致假说精度大幅度下降。

这无疑是对验证过程的误解。

因为建立在假说基础上的 PDCA 循环，在验证的过程当中对于分母的设定并没有一定的标准，它追求的是所需"最低限度"的验证数据。

与通过 SEO 优化搜索引擎一样，有时要想得到理想的 KPI 结果，还需要一定的时间担保。

有时验证具有此类性质的课题甚至需要花费数个月的时间。在此期间，对于实施阶段每一个步骤都必须认真检查，以防止数个月过后出现因 KDI 未能达成而无法进行验证的局面。

根据以往的经验，有时还需要预先计算出一个月以后应当达到的目标值，即所谓的"预知周期行动目标"。如果运行结果不能满足计划要求，在保证基本路线不变的前提下，还需要考虑相应的补救措施。

总之，**即使正式验证需要等到三个月以后，在此之前也绝不是就可以放任自流。**

除此之外，就如同利用 SNS 社交网络平台打出广告之前先要进行 A/B 测试一样，为了开足马力尽快找到最佳解决方案，有时还需要做出最低限度的费用预算，以加快 PDCA 循环的运转。这种情形，简单来说就是"以金钱换取更多的时间"。

● 受到"启发"于是产生了"C"

生活当中我们会受到各种事物的"启发",这种启发甚至会成为转动 PDCA 循环的良好契机。之所以这样说,那是因为它让你发现了自己身上存在着的弱点。

这种契机,用 PDCA 来说就相当于 PDCA 中的"C"。

发现了自己身上的弱点,你就一定会想到——为什么不尝试着进行纠正! 于是,你便进入了 PDCA 循环当中 A 和 P 的领域,同时也就开始了实际行动"D"。为了验证自己的努力是否取得了成果,于是又有了"C"。不知不觉,你已经出色地完成了 PDCA 的一个循环。

PDCA 循环并非总是开始于计划阶段。

有时受到挫折,于是看到了自己的缺陷(C);读过一本书,便想着立刻要去实践(A),由此便播下了 PDCA 的种子。

接下来的事情,便是你是否用心去栽培。

我建议年轻的读者,在日常生活当中一旦受到"启发",就应随手将它记录下来。这时,你无须介意是否必须将它放到 PDCA 循环之中。不要以为你已经把它印在了脑子里,多数场合它们早已被忘在了脑后。最好的方法是养成随手记的习惯。如果你记录了

100 条"启发"，只要拿出一条用于 PDCA 循环，PDCA 必然会带领你走向成功之路。

自从做了一名证券推销员，我就彻底地变成了一个记录狂。每天的计划、随时想到的事情、需要改进的地方，包括自己的强项、弱点、前辈的嘱托等，只要是能感受到的，我就会立刻把它记录在笔记本上。

我还保留着自己参加工作第二年的部分记录，在这里摘录其中一些内容供大家参考。

- **充分利用空闲时间从事 PDCA 循环或学习其他知识。**
- **长时间打电话，有必要则罢，没有必要就必须杜绝。**
- **不要把自己的想法强加于人，要以身作则，不能因一点小事自寻烦恼。**
- **踢踢腿伸伸腰，似乎对振奋精神很有帮助！**

这种随手记录下来的东西，文字简洁无须多大篇幅，一周可以列出十至二十条。

当时我把这称为"一周 PDCA"，后来把它改了个名字叫作"启示录"，并且在全公司职员当中推广。下一页的"一周 PDCA"图片也可以在书后的网页中下载。

很久以来，我一直以为自己的思想非常敏感，想到的事情总可以实现，就像博客的博主行走在大街上，不经意间总会有新的发现。

为此，直到现在我仍然经常性随身携带一个小笔记本，以备脑子里出现新的念头时随时记录下来。有时走在路上遇到了新的想法，我就把它录制在手机里。脑子里最容易出现奇怪的念头的时间，是在每天淋浴的时候。为此我准备了手机防水套装，把手机直接带到浴室。

对于这些录音或者记录下来的"启发"，我会将它们整理并输入之前介绍过的"TODOIST"的服务软件当中（只是暂时存入，另有专门的文件夹用来存放"启发"文件）。

自从有了自己的公司，我从一个证券推销员变成了企业的经营者，需要思考的问题自然也就多了起来，每周记录下来的"启发"也增加到了五十至七十条之多。

除此之外，上网浏览遇到"有价值"的文章，我就把它下载到"阅读文章目录"文件当中（Google Chrome 里有一个 TODOIST 的扩展功能，点击可将文件下载）。这也是记录"启发"的一种方式。

然而只是记录，事后很容易忘记其中的内容，为此我还要加上一些注释，就像在推特中转发链接。这样做的结果是，既得到了新的知识又记录下了自己的感受，对记忆很有帮助。

● 不必担心结果出现错误

大家在读到要因分析一节时或许已经察觉，即使经过一番"回

图 6-6　笔记本中记录下来的"一周 PDCA"图片

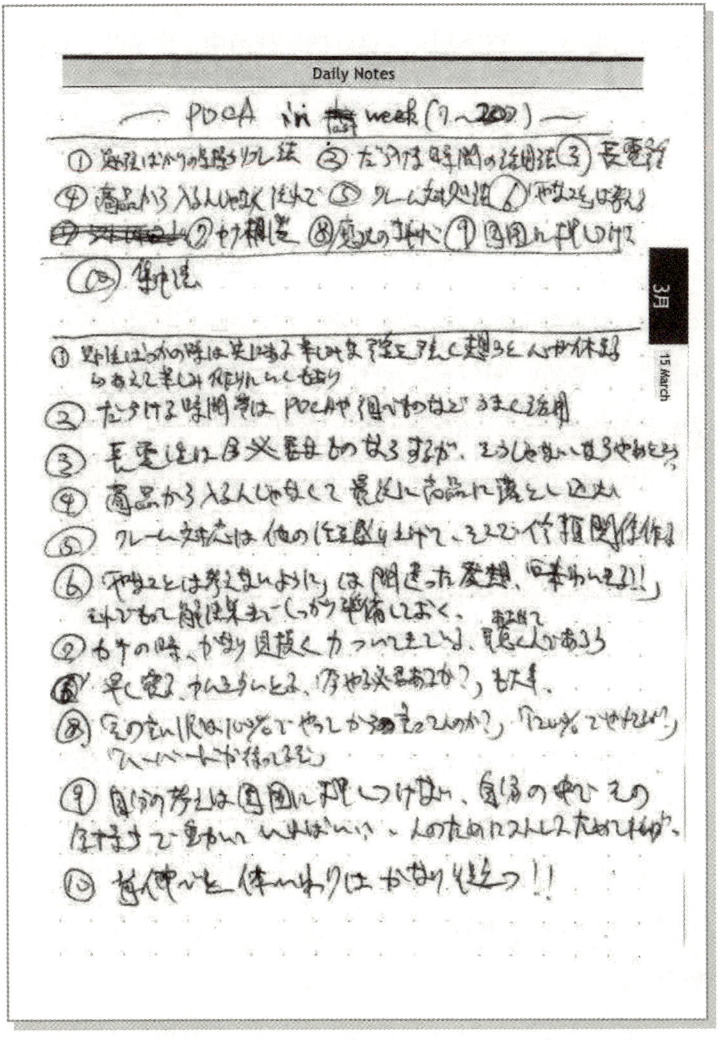

顾"总结，却依然找不到真正的原因，有时甚至分析原因过程本身还会出现错误。

应当指出，在整个 PDCA 循环的过程当中，预先设定的假说出现错误其实并不奇怪。

例如，前不久某公司负责客户开发的市场推销员向我提出了这样一个问题。

"为了向不动产公司拉广告，我制作了积极参与组织不动产开发研讨会的公司名簿，并且以电子邮件形式向他们发出了刊登广告的邀请，可是却意外地没有得到任何回复。原以为这些公司对于在媒体上曝光很感兴趣，但实际上似乎并非如此。"

最终这位推销员断定，"参与这项活动的公司回复率低下" ＝ "KDI 与 KPI 未能形成有效衔接"。

这位推销员就此事找我商量，我向他表示，此案例的假说前提并不存在问题，只是我怀疑其中或许隐藏着其他原因。经过调查得知，实际向客户发送电子邮件的并不是这位推销员本人。我建议他向发送邮件的职员了解情况，结果发现实际向客户发送的邮件只是一份"调查表"。

事实结果表明，"发送一定数量电子邮件"这一 KDI 指标本身已经达成，但是却出现了 KDI 与具体任务"TODO"未能形成有效衔接这一罕见的错误。

其后这位推销员对邮件内容进行了改进，制作出简洁版的电子邮件，再次找出邮箱地址向每一位客户重新发出了邀请。

设想，假如那位推销员没有发现这一隐藏着的原因，那么会是怎样一种情形呢？

这时那位推销员一定会再次提出新的假说，在此基础上继续向客户发送邮件，并不时地对结果进行验证。但是在某个时间点上，他也会发觉当初部下只发送了"调查表"这一事实。

这时他会从内心发出感慨，庆幸在此之前放弃了当初的那个假说，现在看起来或许那也是明智之举。

无疑，那只是在当时情况下根据现有信息做出的最合理判断。这一事实也充分显示出 PDCA 自我修复的优势所在。

必须指出，尽管循环过程当中会出现这样那样的错误，但是却不能将错就错地进行验证，否则就会出现下面一些抽象的验证结果。

——都是因为自己不够努力。

——根本没有做到全身心投入。

——都怪我运气不佳。

如果将原因归结于精神层面，无形之中给人一种"暂时告一段落"的感觉，从而使得思维陷入停滞状态。"奋发图强"或者"全心投入"都只是"量"的指标。保持旺盛的工作热情固然重要，方向错了再努力终将无法取得成果。

或许上述对白经常会在办公室里听到，然而它们却是 PDCA 循环过程中典型的绊脚石、拦路虎。

验证篇

- 作为目标的 KGI（KPI、KDI）指标的达成率分别为多少？
- 未能达成的原因可以考虑的都有哪些？
- 除了不够努力、运气不佳之外，还可以考虑哪些原因？
- 是否可以考虑人员（信息、地域、时间、对方，以及交往）方面存在着某种潜在的原因？
- 可以考虑都有哪些成功的经验？
- 这些成功经验是否能够在下一轮 PDCA 循环当中继续得到发扬？

7.

调整阶段：基于验证结果的"改进"与"拓展"

● 系统理解"调整"（ADJUST）并非易事

在进入说明之前，首先还要对 PDCA 的各个阶段重新进行一番梳理。

· **"P"设定目标，提出课题，制订 KPI 指标，找出解决方案。**

此阶段成果＝总体目标（KGI）、课题（KPI）、解决方案。

· **"D"将解决方案具体转换为行动措施，制订 KDI 指标，将行动措施进一步落实为具体任务（TODO）并予以执行。**

此阶段成果＝行动措施（DO）、KDI 指标、具体任务（TODO）。

· **"C"对 KGI 指标、KPI 指标及 KDI 指标进行验证，找出失败的原因和成功的经验。**

此阶段成果＝达成率、失败原因、成功经验。

· **"A"根据验证结果找出调整方案，为下一个循环做准备（或者终止循环）。**

此阶段成果＝调整方案。

调整阶段验证结果带来规模变化

最后的调整阶段，目的是基于验证阶段的验证结果探讨今后的对策，它承担着 PDCA 循环承上启下的作用。说是承上启下，但是根据判断 PDCA 循环也可以就此终止。包括这一内容在内，我们将调整阶段的成果统称为**"调整方案"**。

调整阶段"A"在整个 PDCA 循环当中扮演着重要的角色，它看似简单却蕴含着丰富的内涵。

通常，我们将这一阶段理解为，在总结和反思的基础之上，为下一个 PDCA 循环做好准备。那么在现实当中，如何才能够使 PDCA 下一个循环更加富有成效呢？

事实上调整阶段之所以显得比较复杂，是因为验证对象 KGI、KPI 以及 KDI 所涉及的规模各不相同，根据不同的验证结果，参与"调整"的对象也出现了极大的变化。

所谓调整对象，可以有以下四种情形。

情形一：需要对总体目标进行调整。

情形二：需要大幅度修改计划。

情形三：需要调整解决方案、行动措施（DO）以及具体任务（TODO）。

情形四：不需要进行调整。

此外根据上述不同情形，开启下一个 PDCA 循环的方法也会随之发生变化，对此将在稍后详细阐述。

下面将分三个步骤，就调整阶段的内容做一个介绍。

● 步骤一　根据验证结果提出调整方案

验证阶段传递出来的信息包括以下三个内容。

· KPI 和 KDI（或者其中之一）的达成率。

· 失败的原因。

· 成功的经验。

其中达成率具体表示为数值，因此比较显而易见，失败的原因和成功的经验则显得不那么直观。

尽管如此，对于它们的处理方法却没有根本的区别。

关于失败的原因，不外乎考虑——如何才能使失败转变为成功。关于成功的经验，同样需要思考——如何总结经验以争取更大的成果。所有这些内容都必须落实为文字。

这一阶段如果需要考虑的因素过多，可以根据整体效果的原则（见计划阶段初级篇）将问题集中筛选，以适当减少需要考虑的事项（无疑，理想状态仍旧是对各种因素逐一采取对策）。

最终的目的，是要对上述四种情形分别提出各自不同的调整方案。

第一种情形：需要对总体目标进行调整

对总体目标进行调整，同样包括三种可能，"终止""变更"和"追加"。

所谓"终止"，是指对调整方案研究的结果，人们对该项目已经"失去信心"，甚至觉得"无法挽救"，以至于不得不放弃该总体目标。像这样，在 PDCA 循环途中，或因发生意外变故，或因超过了事先确定的预算上限，有时也不得不将项目叫停，甚至整体放弃。

所谓"变更"，是指不得不变更目标的达成对象，抑或是达成日期。

有关总体目标的变更，说到底就是建立起新的目标，开启一轮新的 PDCA 循环。为此，总体目标的终止或变更同时也意味着现有PDCA 循环的终结。

另一方面所谓对总体目标的"追加"，是指在项目进行的过程当中遇到了无法预测的重大课题，为此不得不另行组织项目团队以应对新的挑战。

撤销不创造利润的赤字部门（总体目标的终止）

→ 终止 PDCA 循环

放弃参加今年的司法考试，集中精力为明年备战（总体目标的变更）

　　→ 终止当前的 PDCA，开启一轮新的 PDCA 循环

在推进降低成本的 PDCA 循环的同时，发现了不正当的会计处理（总体目标的追加）

　　→ 延续当前的 PDCA 循环，同时开启一轮新的 PDCA 循环

第二种情形：需要大幅度修改计划

　　这种情况下，总体目标不发生变化，但是必须在原有基础之上修改或者追加新的课题。

　　这时，如果原有课题规模较大，修改或者追加课题无疑会造成时间上的巨大损失。

　　例如，总体目标为"提高经营利润"，课题由"增加销售额"变为"降低经营成本"。为此各个部门不得不匆忙应对，甚至会计部门、采购部门都要被卷入其中。人们忙于了解现状，收集信息，重新制订 KPI 目标，大部分计划需要修改，结果导致 PDCA 循环大幅度延迟。

　　可是，如果某一课题得到圆满解决之后自动推出 PDCA 循环，结果只会带来当前课题优先顺序的重新组合，并不会对 PDCA 的循环速度产生重大影响。

·英语听力得到了显著提高，提高听力不再成为当前的课题（课题的终止）。

·由通过网络扩大经纪范围，转为通过人际关系构筑经纪规模（课题的变更）。

·为了吸引客户，探讨使用 DM（直接邮寄）方式对外进行广告宣传（课题的追加）。

→ 连接步骤二

第三种情形：需要调整解决方案、行动措施（DO）以及具体任务（TODO）

这种情况，总体目标及课题保持不变，只是改变解决方案、行动措施（DO）和具体任务（TODO），或者提出改进措施。有时甚至将已经结束使命或者效果不佳的解决方案、行动措施（DO）以及具体任务（TODO）直接剔除，重新加入其他（包括曾经被降格的）解决方案、行动措施（DO）以及具体任务（TODO）。

因为计划本身并没有发生变化，所以不必重新考虑计划"P"，直接从实施阶段"D"的追加措施入手，形成"P→D→C→A→D→C→A……"的循环。其特征是不会造成时间上的损失，如果当初计划阶段提出的假说精度较高，则无须大幅度调整路线，自然形成一个新的循环。

现实当中采取这一循环形式，多属于对"KDI 未达成事项"

提出的改善方案，其中包括改变操作顺序、限定操作时间以及重新配置人员等多种选择。由于这里提出的改善方案以及拓展方案，还要在下一个实施阶段被具体地转换为行动措施（DO）并且被进一步落实为具体任务（TODO），因此在调整阶段只需要粗略地提出"改进措施"即可。如果需要立即做出决定，最好考虑直接进入具体任务"TODO"，这样越过实施阶段可以大大加快 PDCA 的循环速度。

但是，如果这一"改进措施"当中包括诸如"扩充人员"之类规模较大的任务，就必须为此提出新的课题，否则就无法顺利执行。这种情况相当于第二种情形——大幅度修改计划。

·自我对话已经习惯成自然，为此从"持续改进记录表中"删除（行动措施"DO"的终止）。

·阅读参考书后成果显著，为此需要增加阅读量（行动措施"DO"的变更）。

·由于人手不足，特请实习生加入团队（行动措施"DO"的追加）。

→ 连接步骤二

第四种情形：不需要进行任何调整

如果成果显著且不需要任何改进，便可以按照相同的 KDI 指标直接进入下一个循环。像这样，只要认真履行每一个环节，按照现有计划继续实施仍不失为出色的 PDCA 循环。

按照同一计划同一方向继续实施，也是拓展方案的内容之一。为了方便起见，这里将需要调整的项目设置为"无"。因为继续按照同一计划实施，所以在下一个循环当中自然省去了计划阶段直接进入实施阶段。考虑到可能出现新的优先度较高的调整方案，为了将其放在天平上进行比较，建议暂时还是回到步骤二。

按照同一种安排继续下一个循环，或许也会有新的发现。

→ **连接步骤二**

● 步骤二　将调整方案排列出优先顺序，集中优势各个击破

我们无法做到面面俱到，将有限的时间、经费以及人力物力投入所有的项目。这里，我们仍然可以按照"整体效果""所需时间"和"轻松参与"三个标准，将调整方案排列出优先顺序。

上述修改计划的第二种情形，在原有基础上修改或者追加新的课题，虽然整体效果显著却需要一定的时间。相反，通过调整解决方案便可以达到目的的第三种情形，虽然整体效果不明显却不需要很长的时间。

举例说明。

以往仅仅通过电话招揽客户的推销员，电话预约的成功率逐期下降。分析原因，发现以往的客户联系名单已经陷入枯竭，原有的潜在客户都已经建立了联系。

分析结果，可以考虑的调整方案如下。

·取消该总体目标的设置（第一种情形）。

·追加电子邮件揽客方式（第二种情形）。

·提高交涉技巧（第二种情形）。

·寻找全新的客户名簿（第三种情形）。

·继续保持电话揽客（第四种情形）。

对上述调整方案进一步分析，结果表明：

——该总体目标仍有改善余地，取消为时尚早。

——电子邮件方式带来的整体效果可能较为显著，但目前缺乏经验且没有邮箱地址名簿，建立健全需要一定的时间。

——掌握交涉技巧或许能够有所帮助，但是需要一定的时间。

——如果能够找到全新的客户名簿效果立刻可以显现，值得下一番功夫寻找。

——电话揽客的效果逐期下降，为此不得不降低其优先顺序。

最终得出结论，根据优先顺序确定出应当取消的调整方案，并将其他保留方案一并转入下一个 PDCA 循环。

197

图 7-1 调整方案的优先顺序

	整体效果	所需时间	轻松参与	优先顺序
放弃	C	–	C	C
追加电子邮件揽客方式	A	一个月	C	B
提高交涉技巧	B	三个月	C	C
寻找全新的客户名簿	A	三天	A	A
继续保持电话揽客	C	–	A	B

● 步骤三　连接下一轮 PDCA 循环

接下来进入最后一个环节。

PDCA 的意义在于连续运转。调整阶段一方面决定改善方案和拓展方案的思维理念，另一方面也起着 PDCA 各个环节之间"承上启下"的作用，被称为 PDCA 循环中的关键环节。

例如，在当前运行的项目定期会议上，有人提出了关于课题层面的变更及追加等一系列调整方案，由此引发下列行动措施。

① 收集有关最新课题的情报信息。

② 对相关人员发出动员令。

③制订 KPI 指标，找出不利因素，讨论解决方案并尽早制订出计划。

此目的是为了尽快进入下一个 PDCA 循环的"P"。

如果该项目会议就有关解决方案、行动措施"DO"和具体任务"TODO"提出了改善方案或者拓展方案，接下来就应当立即决定出以下事项。

① 项目负责人。

② 项目完成日期。

③尽可能详细地提出具体任务。

此目的是为了尽快进入下一个 PDCA 循环的"D"。

这一点在 PDCA 循环按照计划不变的情况下依旧相同。如果该计划的执行人员因故未能参加会议，就应当把会议内容通知本人，告诉他——一切进展顺利，本周将开足马力全速行驶！

这里必须再次强调的是，为了省时省力，在 PDCA 运转过程当中不必每次都重复执行计划阶段"P"。

● 验证及调整阶段经常出现的失误

以上，分别就 PDCA 循环的各个阶段做了详细介绍。最后，想就验证及调整阶段容易出现的一些失误做几点补充。

1. 做事专一，切忌三心二意（个人）

"KPI 指标进展总是不尽如人意……一定是 KDI 未能有效衔接，不如重新考虑其他对策。"现实当中总是会有一些人轻易地做出判断，不断地改变自己的想法。

要知道，在 PDCA 循环当中，"最低限度的验证和调整"总是伴随着"最低限度的假说""最低限度的验证周期"以及"最低限度的运行成果"，这是促使 PDCA 高速运转不可缺少的三大要素。

做事不专一的人，至少忘记了其中的一个甚至全部要素。他们把"获取最新信息"当成了决定优先顺序的唯一标准，于是便毫不犹豫地对过去的一切全盘否定。

2. 不能永远只看到消极一面（个人、团队）

通常，人们的脑子里总是会想着改善方案，却轻视了拓展方案的巨大作用。

要夹着尾巴做人，多检讨自己，少怪罪他人——多数日本人从小就受到这种教育。受此影响，在回顾自己走过的道路时，人们总是会把目光紧紧地盯在"失败"上。

这种思想已然超出了判断是否合理的范畴，成为一种下意识的举措。

克服这种陋习最简单的方法，是将自己的行为规范化。

例如，在提出两条改善方案的同时，还必须提出一条拓展方案，通过这种方法迫使自己同时看到积极的一面。

3. 努力寻求意见的统一（团队）

一个团队在进行要因分析确定调整方案时，必然伴随着团队成员之间意见的对立。

有时，那些在某一方面略知皮毛的人说起话来让人无可奈何。"喂！你还不明白吗？我说的话绝对没错！"——那充满自信的表情，几句话就让周围的人无言以对。

为了防止这种事态出现，最好的办法是把所有的观点都整理在案，就事论事地逐一进行确认。否则，别人在谈论有关"整体效果"，有人却提出"关于经费预算……"，结果弄得南辕北辙，让讨论无法进行。

在最后不得不做出决定时，如果出现了意见分歧，又该如何解决呢？

正如书中反复强调的那样，PDCA 的根本在于假说思维，这种假说需要经过反复的验证。在我看来，不妨把各种意见都拿来做一番尝试——这次姑且采纳 A 先生的意见，如果不成功再探讨 B 先生的意见也不迟。否则无原则地将 A、B 两方面意见折中，以后验证起来恐怕很难得出结论。

如果面临的课题紧迫，需要速战速决，就应当由团队领导做出判断。这时必须注意的问题包括：

　　① **明确团队领导的责任所在。**

　　② **做好持反对意见团队成员的思想工作。**

　　这两点极为重要。

4．面对课题不得相互推卸责任（团队）

　　通常，跨部门（公司）的特大项目，很难保证一次性顺利实施。其中的原因非常简单，不外乎发生了课题的相互推卸。

　　我们知道，排列课题优先顺序的标准之一，是书中多次提到的"轻松参与"。具体到此类项目，就是"由哪一个部门具体实施"。在某部门领导的示意下，各科室人员会拼命地整理出"暗示必须由其他部门负责实施的资料"。该部门领导则以这些资料为依据向决策层进言，从而引起部门之间无端的纷争。

　　遇上决策层领导不了解情况，就更容易出现这种局面。特别是，如果下属也知道上面横竖不可能做出正确的判断，便不会有人主动承担义务，这是典型的大企业病。

　　为了防止这种局面的出现，我采取的办法是，力图将 PDCA 渗透进每一位公司职员的脑海。只要积极参与高效 PDCA 工作术循环的人员队伍不断壮大，即使有一两个人拖后腿，也难以阻止整个局势向前发展。

5. 力争项目的进展充分可视化（团队）

随着 PDCA 循环的持续深入，会不断地涌现新的课题，课题的优先顺序也会随之发生改变，甚至计划本身还会被迫大幅度调整。

这其中切记，务必使决策过程公开透明。

如果疏忽了这一环节，处于下列任何一种状态下均可能遭到上下的一致谴责。

·延续状态——为什么永远是同一个课题？为什么不开动脑筋另找出路？

·变更状态——局面已然陷入了困境……依我看不如背水一战！

·追加状态——不要把手伸得太长！要有所选择，有所集中。

特别是在计划发生变更时，如果不将细节公开，必然招致部下的一致反对。

——为什么只取消了我提出的方案？

——难道此前的努力都白费了吗？

——这一定又是社长的主观武断……

这时，即使不能将全部过程逐条解释，至少也应当让大家明白，那完全是根据 PDCA 的结果做出的正确判断。如果需要，还应当利用数据从道理上做出完整清晰的说明。

　　只有做到 PDCA 循环中信息的共享，才能够调动起更多人的积极性。或许也有人迟疑观望，但绝大多数职员都拥有一个共同的目标，就是为公司的发展贡献自己的力量。

调整篇

- 你是否认为验证时间足够充分？
- 查明失败原因之后，你认为怎样才能总结经验，变被动为主动，使工作得到改进？
- 面对成功的经验，你能否使其进一步发扬光大？都有哪些具体策略？
- 在改善方案或拓展方案当中，哪些属于优先顺序较高的成分？
- 目前设定的整体目标是否能够适应当前的现状？
- 是否有必要大幅度修改计划？
- 如果进行微调，目前阶段是否可以提出新的内容以便落实为具体任务？
- 如果需要改变计划，是否应当告知他人？

8.

第八章

高效 PDCA 工作术，团队共同实践的结果

• 高效运行 PDCA 的必要条件

最后，作为本书的总结，给大家介绍一些本公司曾经实践过的高效 PDCA 工作术的实际案例。在此之前，首先要对高效运转PDCA 需要注意的十个重点事项进行一番梳理。

① 通过因式分解建立起高度精确的假说

计划阶段对课题因式分解得越细，就越有利于及时发现课题的瓶颈，防止课题的遗漏，有效地缩小下一个循环的调整范围。

② 假说思维、精益理念、大胆实践

信息量不足的情况下解放思想大胆实践，从"看不到问题无从下手"到"实践当中发现问题"，力争实现思想意识的转变。

③立即行动，从整体效果（IMPACT）显著的课题入手

根据KGI指标倒算，从整体效果显著的课题（最重要KPI指标）以及行动措施（DO）着手做起。其结果，即使具体任务未能按照计划全部落实，却也落得个有进无退。这时更要不惜花费时间，认真地将课题排列出优先顺序。

④ 实践当中受到启发，立即将其落实为具体任务

将课题搁置在实施阶段是最大的遗憾。要形成条件反射，找到行动措施（DO）并立即落实为具体任务（TODO）。如此养成习惯，可以大大提高实施阶段的运转速度。

⑤ 行动目标也必须实现数字化

我们无法期待直接控制结果。我们的目的是全程监控每一个环节，为此就要根据验证频率制订行动目标（KDI）。

⑥ 对具体任务（TODO）的进度实行全天候管理

对具体任务（TODO）的进度管理和调整必须在实施阶段内部进行。这种调整最低一天一次，理想状态是一天之内进行数次。

⑦ 根据情况随时验证

在尽可能短的周期范围内，对于 KGI、KPI、KDI 等指标随时验证，以防止劳而无获。

⑧ 要因分析应当防止"主观臆断"

如果计划未能按照预期实现，就要考虑假说是否正确。总的说来，发现课题提倡直观，思维方法非横即纵，否则就不可能看到课题的存在。

⑨ 迅速转入下一轮循环

如需改变计划，应当立即召集会议。提出了改善措施，就要立刻落实到具体任务。以此减少时间的消耗，迅速转入下一轮循环。

⑩ 同时运行多个 PDCA 小循环

PDCA 的理想状态，是同时运行复数个相关的循环。与一个 PDCA 大循环孤军奋战相比较，数个相关的 PDCA 小循环同时运转可以起到事半功倍的效果。

209

图 8-1 高效 PDCA 工作术运行中的重点事项

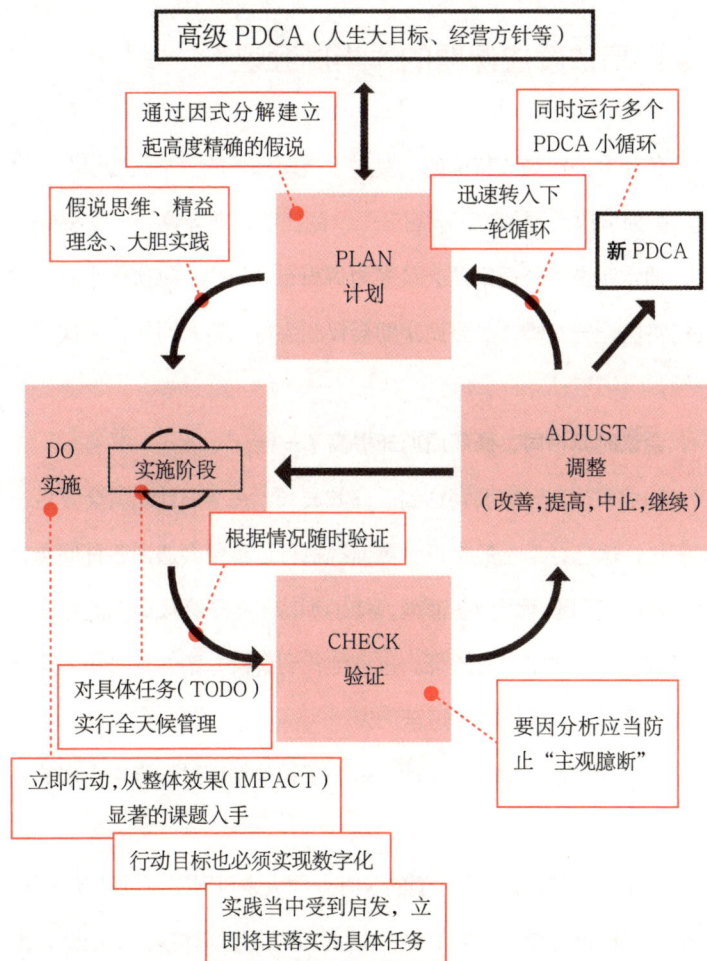

高级 PDCA（人生大目标、经营方针等）

通过因式分解建立起高度精确的假说

同时运行多个 PDCA 小循环

假说思维、精益理念、大胆实践

迅速转入下一轮循环

新 PDCA

PLAN 计划

DO 实施

实施阶段

ADJUST 调整（改善,提高,中止,继续）

根据情况随时验证

CHECK 验证

对具体任务（TODO）实行全天候管理

要因分析应当防止"主观臆断"

立即行动,从整体效果（IMPACT）显著的课题入手

行动目标也必须实现数字化

实践当中受到启发，立即将其落实为具体任务

● 以高效解决课题的"半周会议"

象征本公司高效特征的，莫过于公司独特的"半周会议"。这是一个为解决课题每隔三天召开一次的团队定期会议。

通常所说的公司定期会议多为每周召开一次，每次一小时。本公司将这——一般概念的公司定期会议改为每周召开两次，每次三十分钟。

会议时间相同，循环周期却提高了一倍。

如前所述，一家公司达到了高效成长，每半周计划就会发生一次变化，这已经是一般常识。更何况执行过程中会遇到各种问题，每当这时我们不可能面壁而坐，徒手等待下一个会议周期的到来。为了对以往的效果进行验证，迅速地找到解决方案并且尽快落实，客观上需要将会议周期缩短至三天。

"半周会议"的主要目的，是为了排除循环过程当中出现的各种"障碍"。

如果是营销团队，看他们的 KPI 业绩大致可以了解其活动状况，为此就要把评价重点放在 KPI 指标上。如果是媒体宣传的团队，由于每个人承担的职责不尽相同，所以就要把评价重点放在 KDI 指标上。

或许有人会说，三十分钟时间不可能讨论深入。但事实是，正因为只有三十分钟时间，才得以就关注的热点问题展开密集的讨论。

讨论的内容包括目标达成率、要因分析以及如何改善（或者拓展）。理想的做法是，每一位团队成员分别就这些内容做成果汇报。如果课题不明确，或者不知道应当采取哪些对策，还可以就此听取与会者的意见，当场寻求答案。

有时，与会成员还会就下一轮循环展开讨论，一口气决定出包括具体任务（TODO）在内的所有内容。

在实行"打分制"的公司里，拥有太多课题的人会被打上"问题职员"的烙印。但是在本公司，想象不出课题的人会被大家冷眼相待。我们在处理日常业务的过程中，必然会遇到各种各样的问题。看不到课题的存在，恰恰是"未能以高效开展业务"的最好证明。正因为如此，"发现课题"在本公司蔚然成风，成了热门话题。

说起公司会议，可谓名目繁多，或是为了展开头脑风暴，或是出于信息共享，或是为了解决课题。一些企业面对五花八门的会议采取统一的格式化处理，结果造成参会人员兴趣不一，使得会议成果大打折扣。

事先做好准备，打定主意参加一场"PDCA 专题会议"——只有这样，才能保证会议在统一的思想指导下，集中精力达到预期的目的。

除此之外，如果每次的"半周会议"都能够提出新的要求，久而久之中途"跳槽"前来谋职的职员（本公司八成职员为跳槽人员）也会耳濡目染，最终心甘情愿地搭乘上本公司的高速快车。

要知道，本公司许多职员来自金融界决策缓慢的大公司，这些人初来乍到时还显得有些不知所措，幸好人们对于速度的感受只是相对而言。

更为重要的是，每一次"半周会议"结束之后，公司必然迎来一轮新的气象，这已经成为公司全体职员的基本共识。

● 通过"高效运行管理表"，将每三天的活动进展情况可视化

与"半周会议"同步运行的，是"高效运行管理表"。

在这张"高效运行管理表"当中，平行排列着众多个必要的措施（DO），并与复数个 KPI 指标相互关联，每一条措施均附有负责人的姓名，同时还包括一百条具体任务计划，十种最新创意的验证结果报告以及复数个 KDI 指标的进展情况。除此之外，还包括半周会议上提出的改善措施以及面临的课题。

像这样，将团队每一位成员的行动计划如实地展现在全体成员面前，看似单纯却可以得到很好的效果。

行动计划共享的效果

·行动目标明确，不会迷失方向。

·日程安排公布于众，无形中增加了责任感。

·行动计划共享，不必在半周会议上特地说明（如果按计划进行，则一句话"按计划进行"便可告之）。

·可以纵览部下过去乃至未来一个时期内的行动计划，以利于对不善于编排优先顺序和计划日程的职员进行指导。

但是，如果过于干涉部下的日程安排，势必对部下造成精神压力，从而导致部下失去自信。有关具体任务（TODO）的日常管理，则应当尽量由职员自行斟酌决定。

无疑，"高效运行管理表"可以对KDI指标的管理起到促进作用，但是它更重要的作用，是将实施对策（DO）按照KPI的优先顺序进行重新排列。

KDI的每一项任务看似微不足道。但是对任务的执行者来说，看到这张"高效运行管理表"，就可以让他看到自己的工作在整个项目当中所处的地位，其重要意义不言而喻。

图 8-2 高效运行管理表

高效运行管理表

<各主要数值>

KGI指标：○○　最重要KPI指标：△△　KPI指标：XX、□□、▼▼

No.	KPI指标	大范围	中范围	实施措施	月顺序	负责人	半周KDI（27日～29日）	半周顺序	半周达成率	当前状态	进展/课题/对策/预计风险	其他（汇报/商量事项）
1												
2												
3												
4												
5												
6												
7												
8												
9												
10												
11												
12												

<DO：持续型行动措施DO>

17												
18												
19												
20												
21												
22												

● 集思广益、博采众长的"启示录"

如上所述，本公司要求全体职员以周为单位，定期将感受到的启发记录下来编制成"启示录"，并以简单的 Excel 表格形式提出，供团队成员共享。

"启示录"中收集的内容，可以是半周会议上提出的改善及拓展方案，也可以是对日常工作的反省，还可以是偶然遇到的事件，以及读书上网得到的新知识新感悟。内容既可以涉及团队，也可以是个人的经历。

通过这一活动，意在促使成员之间相互沟通，唤起他们对 PDCA 的强烈意识，同时也让他们了解，所有问题都可以尝试通过 PDCA 循环得到解决。将日常生活当中得到的感受记录下来，仅此一项便可以让人有所收获。

以往，公司规定每周必须将五件受启发事例记录下来，现在则规定每周最少七件。

对此，有些人刚进公司时似乎感觉到有些吃力，但是熟悉了 PDCA 循环之后，就会游刃有余，随时可以找出许多工作当中存在的问题。

这些变化令人感到欢欣鼓舞。

图8-3 启示录

本为了掌入思考，越号思考，普盖问题的根源，请放与是非期将七件受到的启示记录下来！！

本如果各对团队成员受到的启示有任何回响，请在分享栏中提出自身的意见！（此栏目不是必须填入事项。）望大家积极参与评论（并署名）！

本针对每一个得到的启示，请列举出一个以上的《问题展开》或《鬼速PDCA》！

期限：每个项目半周会议实施前（每周一、周四）

番号	内容	日期	启示	分享

可是，也会有个别职员无论如何也写不出七件受启发事例。他们大都不善于对自身做出客观的判断。

我相信，即使是这些职员，一旦他们掌握了 PDCA 的运转技巧，也可以迅速地发现自己的不足甚至强项。从这个意义上说，他们当中仍然存在着巨大的发展空间。作为公司，有必要对这些职员进行重点教育和培养。

如果读者当中也有人写不出七件"受启发事例"，就请尝试书后为大家准备的"十分钟 PDCA 体验表"。通过这一体验表，能够让大家对自己做出客观的评价。

此外，作为最近的一项改进，我们在"启示录"中加入了阅览者点评栏目。试想，对于自己受到的启发，如果有人点赞，表示很有参考价值，你是否会感到由衷的喜悦？与此同时，你还会对他人受到的启发感兴趣，最终带来 PDCA 知识的全员共享。

最后我要说的是，由于"启示录"可以追溯到过去一段时间的活动情况，如果把它和"高效运行管理表"相结合，还可以帮助公司领导了解部下的工作情况，甚至了解他的性格人品。

● 促使"非紧迫"区域事项稳步推进的"持续改进记录表"

为了实现持续型行动措施"DO"的指标化，同时作为推进"重要且非紧迫"区域项目实施的一个手段，本人自从毕业后进入公司以来，始终践行"持续改进记录表"。如今公司将其更名为"高效 PDCA 工作术检查表"，它以年轻职员为中心，继续忠实地履行着自己的使命。

这张表格的创始人，是撰写《常胜教育：如何设定目标及达成目标的学问》（日经 BP 出版社）一书的原田隆史先生。原田隆史先生是一位有名的体育教练，曾经培养出一支强大的田径队伍。这位原田先生来野村证券公司讲演时带来了这张表格，我当时看了以后觉得很有意义，便立即拿来实践。那天听原田先生讲演的人群当中，只有我一个人至今还保留着这张表格。

"持续改进记录表"中需要做的事情，包括填写所设定的目标，给每一天的行为结果打分，仅此而已。这张表格看上去很简单，需要做的事情也非常清楚，却很容易被人忽视。为了养成习惯（使其常态化），我每天坚持填写这一表格，想不到竟然产生了神奇般的效果。

打分的方法很随意，可以是 10 分满分，也可以是 5 分满分，

图 8-4 持续改进记录表

绩效PDCA检查表

希望在__个月之后成为何种状态：

对此目标自己处于何种状态：

※ 每天入睡之前编截至日起次日进行自我检查。

※ 此表格可记录与工作无直接关系的事项。

※ ☉：出色达成（3分） ○：已经达成（2分） △：基本达成（1分） ×：未能达成（0分）

PDCA对象／目的	日期	1	2	3	4	5	6	7	8	9	10	11	12	13	14	15	16	17	18	19	20	21	22	23	24	25	26	27	28	29	30	31	合计
	星期																																	
1																																		
2																																		
3																																		
4																																		
5																																		
6																																		
7																																		
8																																		
9																																		
10																																		
小计（得分合计）																																		

还可以是 ABC。我本人则采用了◎(3分)、○(2分)、△(1分)、×(零分)的四个等级的评价方法。每晚入睡前将评价结果记录在表内,周末对所有分数进行统计。既然是自我评判,就没有必要弄虚作假。其中重要的事情在于,如何将"明显未实施事项"转化为"稳步推进状态"。

具体实施这张表格,可以首先确定一个分数线,月平均达到分数线以上,便可以视该项目目标已经达成。根据以往经验,要想使得目标稳步实施,至少需要三个月。

实际操作起来,通常最初的几天意识相对清晰,实施起来也比较主动。但是过了一段时间以后,这张表格就会被悄然搁置甚至被遗忘。重新恢复的最好办法,莫过于重整旗鼓。我每天离开家去公司之前,都要进行一次"自我对话"。这时,如果翻开的改进表中满是△或×,会让人感觉如坐针毡。

总之,有了这张改进表,就如同强迫自己每日三省吾身;没有了这张改进表,信息会从你的大脑神经中枢瞬间消失,可见这张表格是何等重要。

面对表中的△或×,任何人都不会无动于衷,一般都会想方设法增加◎和○的数量。这种热情同时成为促进 PDCA 循环的动力。有时忙起来忘记了"自我对话",也可以利用手机上的提示功能提醒自己。

"持续改进记录表"中所涉及的内容,可以包括"不能列入具体任务（TODO）清单中"的所有事项。其中包括：

· 常怀感恩之心（或者默念十次感谢）。

· 每天两小时用英语思维。

· 在众人面前始终保持精神饱满。

· 说话时要张大嘴，保持声音洪亮。

· 讲话要有逻辑。

· 收到邮件要及时回复。

理想的状态，是将工作当中亟待解决的瓶颈全部囊括其中。如果一时还不清楚，也不必过于担心，重在付诸实践。我有理由相信，无论内容如何，这张表格都将引导你迅速成长。

● 由志愿者组成 PDCA 研究会

目前，我的公司以年轻职员为中心，组织了一个由十多名志愿者参加的研究会。由我担任讲师，利用工作之余对高效 PDCA 工作术进行研究。

关于 PDCA 的意义，通过各人的亲身经历，参加人员早已有了较为深刻的理解。为此，研究会将重点放在了以下三个方面。

体验 PDCA 的效果

了解 PDCA 的过程

确保 PDCA 的持续

具体地说，我们做了以下一些工作。

① 十分钟 PDCA 体验表

为了能够体验 PDCA 的效果，我们使用了书后准备的"十分钟 PDCA 体验表"。

其中内容包括，针对某一设定的目标：一、提出课题；二、集中重点；三、找出解决方案；四、聚焦重点方案；五、落实具体任务"TODO"。仅此而已。

整个过程看起来十分简单，如果只考虑 PDCA 中的实施阶段，结果也不过如此。

② 学习因式分解

为了了解 PDCA 的循环过程，对 PDCA 各个阶段的步骤进行说明固然重要，学习掌握因式分解同样显得尤其重要。学会了因式分解，可以很容易地找到 PDCA 所需总体目标，进而发现课题，预测风险，制订解决方案。

例如，在日前举行的研讨会上，参加者试着对"营销"工作进行了因式分解。

最初人们对这一命题似乎感到束手无策，经过一段时间的讨论，大家找到了感觉，气氛也随之活跃起来。大家纷纷提出自己的意见，结果密密麻麻地写满了整整一个黑板。

对一件事物进行分解，看上去就像是绘制一幅模型玩具的组装图，或是绘制一幅游戏攻略图。一旦分解成功，结果并不足为奇。

——看起来，这里下再大的力气效果也有限。

——这个问题应当立即采取对策。

围绕着黑板上的各种意见，参加者不时地提出各自的见解。像这样，大家集思广益，围绕着同一件事物进行分解，其本身就具有很大的意义。此外，参加者从中得到了更多的启发，这让我感到由衷的欣慰。

③ 高效 PDCA 工作术检查表

如上所述，PDCA 循环过程中出现的课题及解决方案，并不一定都能够立即落实到具体任务"TODO"上。尽管如此，如果把它们完全割舍，势必造成重要且非紧迫区域的事项无法得到落实。

为了弥补这一缺憾，我们导入了"持续改进记录表"，它与"半周会议""高效运行管理表"以及"启示录"一起，成为高效 PDCA 工作术三大管理工具之一。

● 高效 PDCA 工作术的教育指导

当下我的课题，是培训公司干部，提高他们对高效 PDCA 工作术活动的指导能力。

目前，PDCA 活动不断深入，为了让高效 PDCA 工作术思想渗透进每一名职员的灵魂深处，当务之急是扩大指导老师的队伍。

高效 PDCA 工作术指导老师的目的，是让学员面对课题开阔视野，深入挖掘，并且在因式分解方面对学员有所帮助。

——什么是当前最大的课题？

——什么原因导致停滞不前？

——哪些是最主要的原因？

——如何排列出优先顺序？

有时，指导老师也会对学员提出忠告，但原则上指导老师和学员之间采取问答形式，启发学员自我思考寻找答案。

"问答形式"的巨大威力，在于引导学员形成条件反射，主动寻求解决问题的答案。与教学当中的一言堂相比，问答形式鼓励学员深入领会自行决定，这样更容易激发学员的热情。值得注意的是，周围的人也在关注着公司的点滴变化，这时只要有人稍加指点，便会引发突破性的进展。

作为指导老师，应当注意以下几点事项。

· 不应当强迫对方回答。

· 不应当在同一问题上纠缠不休。

· 不应当以不合情理为由急于否定对方的意见。

· 不应当急于打破沉默，有时沉默是在思考。

· 应当尽量避免提出非对即错的问题。

· 应当尽量站在中间的立场上提出问题，不要问："这种方法管用吗？"应当说："这种方法会起到什么效果？"

· 对方偏离话题时不应当急于阻拦，应提醒对方注意，可以说："我觉得您似乎偏离了话题，我们可以继续吗？"

根据情况，教育指导可以分为以下三个目的。

① 引导学员进行因式分解

通过对话帮助学员找出目标与现状之间的差距，引导学员开阔眼界，深入挖掘，分析原因，提出课题。

② 引导学员进行总体规划

通过对话引导学员就总体目标、行动计划、行动措施等内容制订出总体规划，以便今后具体落实。

③ 引导学员落实具体任务

通过对话引导学员就具体任务的内容、时间、期限等提出明确的日程，并促使其尽早落实具体任务。

有时，学员会向指导老师提出许多问题。这时，如果指导老师被对方牵制轻易地做出回答，对学员的成长未必是一件好事。我们的目的，是让学员养成独立思考的能力。为此我经常告诫公司管理人员，遇到这种情况最好反问一句："你是怎么想的？"目前，我的这一思想已经得到了大家的广泛认可。

被指导老师这样一问，学员们有时会表情难堪地回答："我也不知道。"即使如此，作为指导老师也不可有半点私情。我对指导老师说，告诉学员们不必烦恼，"只要根据现有的信息提出假说。"

要知道，无论对方怎样为难，根据现状提出假说看上去却不费吹灰之力。

其实那些嘴上说"不知道"的人，他们要么对自己没有信心，

要么怕说错了丢面子。这种现象在那些优秀的年轻职员当中表现得尤为突出。

本公司对那些经不起别人批评的所谓高才生并不看好。相反，那些不断提出新的设想，积极采取实际行动、遍体鳞伤的职员则更容易受到大家的尊重。为了培养出这样一大批公司职员，更需要一大批好的指导老师。他们富有耐心，鼓励学员大胆实践，深受大家的喜爱，成为广大学员的坚强后盾。

对那些不善于分析问题的学员来说，高效 PDCA 工作术最初的门槛的确显得很难逾越，好比第一次骑自行车，总会让人感觉到恐惧和不安。

这时的指导老师，就好比是自行车上的辅助车轮，他的作用在于让学员体会到——骑自行车其实并非那么可怕。

目前，能够担任高效 PDCA 工作术教学的指导老师的人数量还十分有限。如果有一个十人规模的指导老师队伍，学员们就可以随意地提出假说，并且有针对性地接受指导。

总之，在经过一番努力后，相信高效 PDCA 工作术一定能够在本公司深入人心。到了那时，就可以实现我的理想——上下一致，通过高效 PDCA 工作术的高速运转，促进公司业务的高效运行。

本章最后，对如何加快高效 PDCA 的工作术运转速度提出了一些具体的问题，仅供参考。

指导篇

横向展开的问题

· 除此之外还可以考虑有哪些方法（课题）？（你是否曾经考虑过？）

· 如果考虑其他三个选项（课题），你认为都有哪些？

· 可否再考虑三个选项？

· 如果进一步大胆思维，你认为还可以考虑有哪些选项？

· 如果你是公司社长，你会怎样考虑（采取哪些行动）？

· 能否找出一个你还未曾深入探讨过的课题？

深入挖掘的问题

· 能否就 ×× 具体谈谈你的意见？

· 能否尝试将 ×× 分解为三个问题？

· 能否将其进一步分解？

· 请问为什么会出现 ×× 结果？

· ×× 结果意味着什么？

结束语

人的头衔、社会地位、社会名声、年度收入等，所有这些不过是结果。既然是结果，那么，当它们实现的那一瞬间便已成为过去。无疑，在实现这一结果之前，你曾经付出过非凡的努力，为此你受到了人们的尊重。你可以因此而欢呼雀跃，但是那一时刻转瞬即逝。

为人不可安于现状，为人不可不思进取。

人的价值原本决定于"未来"。

可遗憾的是，即使到了全球化加剧的二十一世纪，沉湎于往日的腐朽观念依然根深蒂固。学历第一、文凭至上、崇拜大企业的思想依旧到处泛滥。

面对这一事实，高效 PDCA 工作术坚定地主张一切向前看。

过去的事情已经过去，重要的是总结经验、吸取教训，继续开启新一轮的 PDCA 循环。未来的世界充满了挑战，高效 PDCA 工作术循环永无止境。要想成为佼佼者，就要付出常人无法想象的努力。

毋庸置疑——不懈的努力，必然结出丰硕的成果。

天有不测风云，我们的工作和生活当中无法预知的事情随时可能发生。

处于金融科技前沿的 ZUU 公司，如果仅仅以"前途未卜"为由不大刀阔斧地采取行动，就永远无法成为金融改革的先锋。

与高效 PDCA 工作术思想极其吻合的商业模式，是《精益创业》一书中提到的最低价值产品（Minimum Valuable Product）的概念。最低价值产品，是指"可以供验证的最低限度的产品"。换句话说，就是在提供某种产品时，首先需要提出最低限度的构想，通过 PDCA 循环反复验证，最终构建出市场所需要的产品。

现在，作为提供金融产品相关信息服务的网络媒体，ZUU 公司已经发展成全日本访问量最高的网络公司。可是，在我离开证券公司自主创业的初期，老实说，公司还只是一个"汇总网站"。但即使如此，有关资产管理以及资产运用，我并没有仅仅着眼于"某一只股票"或者"某一个基金"，而是将注意力集中在了扩大投资理念和传播投资知识方面，力争创建一个新型的融资媒体。一旦起步，便一发不可收拾。SEO 搜索引擎排名榜名列第一；核心层成为网站最大的访客；上传信息迅速扩散——所有这些成果无不极大地增强了我的信心。自从开始通过雅虎新闻网站发布信息，公司业务便迅速地走上了正轨。

目前，公司正向着目标股票市值超百兆日元规模的企业继续努力。这其中，ZUU 网络本身同样构成了一个 MVP（最低价值产品）。从这一意义上说，网络媒体事业只是我们的一个序章。随着高效 PDCA 工作术的不断深入，相信 ZUU 公司必将成为世界首屈一指的金融科技创新企业。

这里我还想说的是，三年或者五年之后重读此书，高效 PDCA 工作术体系本身亦将迎来一个新的飞跃。

最后，广大读者阅读此书后，在实践过程当中必然会有许多感想以及新的发现。如果有任何意见和希望，也请反馈到下面的电子邮箱当中。如有机会，我将努力把大家的意见反映到本书以后的修订版本之中。

让我们为了 PDCA 体系更加完善，为了 PDCA 循环迅速发展而共同努力。

onisokupdca@zuuonline.com

2016 年 9 月于 ZUU 新加坡总部

附录　高效 PDCA 工作术在线工具

您可以从下述 URL 网址中下载本书介绍
的有关 PDCA 在线工具。

- ·时间盘点表
- ·高效运行管理表
- ·启示录
- ·持续改进记录表
- ·十分钟 PDCA 体验表

http://cm-publishing.co.jp/onisoku

十分钟 PDCA 体验表

① 设定目标

三个月后来饭店就餐的顾客人数翻一倍

② 提出课题

【限时三分钟】

为了实现目标，尽可能多地罗列出考虑到的课题。
（目标：7 个以上）

· 知名度底
· 价格制订标准不明确
· 当地食材的优势未被认可
· 准备工作不充分
· 招牌商品不足以吸引客人
· 远离车站，缺乏吸引力
· 客人的口碑效应不明显
· 买卖过于兴隆可能导致老顾客流失

③ 锁定主要课题

【限时三十秒】

从上述课题当中锁定三个"整体效果最佳的课题"，画圈表示。

○知名度底
○价格制订标准不明确
· 当地食材的优势未被认可
· 准备工作不充分
○招牌商品不足以吸引客人
· 远离车站，缺乏吸引力
· 客人的口碑效应不明显
· 买卖过于兴隆可能导致老顾客流失

④ 提出解决方案

【限时三分钟】

写出解决锁定的三个课题的方案。不必按照课题分别写出。（目标 10 个以上）

· 重新制作商品招牌
· 邀请对当地美食精通的博主品尝本店菜肴
· 制作本店 HP 网页
· 制作本店脸书网页
· 重新制作引人注目的餐馆招牌
· 开通一个介绍当地食材优势的博客网页
· 找当地的商工会商量
· 制作并张贴宣传图画
· 利用 YouTube 的优势
· 上网寻找其他宣传手段

⑤ 锁定主要解决方案

【限时三十秒】

从上述解决方案当中锁定三个"整体效果最佳的方案",画圈表示。

○重新制作商品招牌
· 邀请对当地美食精通的博主品尝本店菜肴
· 制作本店 HP 网页
○制作本店脸书网页
· 重新制作引人注目的餐馆招牌
○开通一个介绍当地食材优势的博客网页
· 找当地的商工会商量
· 制作并张贴宣传图画
· 利用 YouTube 的优势
· 上网寻找其他宣传手段

⑥ 具体实施

【限时两分钟】

就上述三个解决方案制订出"行动措施(如何实施)"以及"具体日程(何时实施)"。

· 用一小时时间构思,两小时时间试做出商品,再召集有关人员召开一个品尝会。立即给有关人员发出邮件,请他们安排好时间。
· 本周内浏览至少五十家热门餐馆的脸书网页,对其研究后于下周之内开设自己的脸书网页。
· 明天去书店,购买两三本有关开设微博网页的技术书籍。关于食材问题,本周末找农协的 A 先生一起喝顿酒,顺便倾听他的见解。

⑦ 可视化

【限时一分钟】

将上述制订的具体实施内容记录在笔记本中(如果是团队实施,同时注意信息共享)。